トランスジャパン アルプスレース大全

山と溪谷社 編

山と溪谷社

CONTENTS

第1章 TJARを知る

第2章 TJAR2008を振り返る

第3章 連載「TJAR2014 30人の勇者たち」から

第4章 連載「TJAR2016鉄人たちの熱い夏」から

第5章 TJAR2018

第6章 なぜ惹かれ、なぜ走る？

カバー写真＝山田慎一郎、金子雄爾

第1章 TJARを知る

プロローグ

息を飲むような雄大な眺め、漆黒の闇に浮かぶ仲間の灯、
烈風に晒され追いつめられる自分、悲鳴をあげる身体、
絶望的な距離感、何度も折れそうになる自分の心、
目指すのはあの雲の彼方。
日本海／富山湾から太平洋／駿河湾までその距離およそ415km。
北アルプスから中央アルプス、そして南アルプスを、
自身の足のみで8日間以内に踏破する
TransJapan Alps Race
日本の大きさを感じ、アルプスの高さを感じ、自分の可能性を感じよう。

（公式ＨＰより）

「日本海から日本アルプスを越えて、太平洋まで一気に駆け抜けてみよう」
このレースは、一人の男のそんな夢から始まった。
参加したある選手は「これほどおもしろいレースはない」と語り、またある選手は「人

2016年、北アルプスを進む望月将悟（写真＝山田慎一郎）

生が凝縮されたようなレース」と表現した。「トランスジャパンアルプスレース（TJAR）」。標高ゼロの日本海・富山湾から、3000m級の山々が連なる北アルプス・中央アルプス・南アルプスを縦断し、太平洋・駿河湾へ至る総距離約415kmを、自身の足のみで8日間以内に踏破する、2年に一度の壮大かつ過酷な山岳アドベンチャーレースだ。2012年大会の模様がNHKのテレビ番組で放映されたことで、TJARは多くの人に知られる存在となった。

このレースは完全に自己責任の下に行なわれる。最も重視されるのは選手自身の安全管理だ。主催者側からの命題は「誰にも迷惑をかけないこと」。

選手たちはコース上の指定されたチェックポイントを、走り＋歩きのみで忠実に繋いでいく。エイドステーションは設けられ

スタート直前、出場選手全員で記念写真。2014年（写真＝杉村 航）

ず、レース中の補給は携行するか、途中の山小屋や売店で調達する。事前に預けた食料や装備を受け取れる場所（デポジット）は、コース中盤、南アルプス登山口の市野瀬（長野県伊那市）の1カ所だけ。また、レース中の宿泊はテントやツエルトを使った露営のみで、途中の山小屋などでの宿泊や仮眠は禁止されている。

8日間以内でのゴールをめざし、選手たちは睡眠時間を削り、栄養補給や休息のタイミングを考え、体のケアをしながら、長時間動き続ける。悪天候となっても主催者がレースを中止することは基本的にない。進むのか留まるのかは選手自身が判断する。

壮大で過酷ゆえ、レースの規模を大きくすることはできない。出場できるのは、前回優勝者と選手マーシャルを含む30名。走力・体力はもちろん、3000m級の山中

多数のギャラリーが声援を送るなか、魚津市の早月川河口をスタート。2014年（写真＝杉村）

で長時間活動するための知識や経験が求められる。

参加資格は、まず「70km以上のトレイルランニングレースを完走していること」「標高2000m以上の場所において10泊以上の露営経験があること」の2つ。さらに実行委員会が定めた参加条件に基づいた書類審査、トレイルランや地図読み、夜間のビバークなどの実技と筆記試験による選考会が行なわれる（詳しくは次ページ以降）。選考会の通過者が30人の定員を超えた場合は抽選となる。厳しい選考、狭き門をくぐり抜けた30人のみが、スタートラインに立つことができるのだ。

Q&A TJARって何ですか？

トランスジャパンアルプスレース。略してTJAR。

縦走登山とも、トレイルランニングのレースとも、似ているようでちょっと違うTJAR。

いったいどんなレースで、どんなルールで行なわれているのだろうか？

まずはこのレースの概要から紹介していこう。

Q　どういうコースですか？

A　スタートは日本海、ゴールは太平洋です

レースのスタートは富山県魚津市の早月川河口。早月川は、北アルプスの劔岳・大日岳・猫又山などが源流域。この川沿いに車道を29㎞走り、早月尾根登山口の馬場島から北アルプス大縦走が始まります。劔岳、立山、五色ヶ原、薬師岳、黒部五郎岳、三俣蓮華岳、双六小屋、槍ヶ岳山荘を経て上高地へ。

上高地から中央アルプスの登山口まで車道を68・6㎞。木曽駒ヶ岳、宝剣岳、空木岳と

富山湾
START
早月川河口
◎魚津市／ミラージュランド
馬場島
剱岳
2999
立山
3015
北アルプス
五色ヶ原
薬師岳
スゴ乗越
2926
三俣蓮華岳
黒部五郎岳
2841
2840
槍ヶ岳
3180
CP
上高地
沢渡
奈川渡ダム
境峠
藪原駅
旧木曽駒高原スキー場
南アルプス
木曽駒ヶ岳
2956
CP
市野瀬
中央アルプス
空木岳
2864
駒ヶ根高原・菅の台
仙丈ヶ岳 3033
北岳 3193
三峰岳
間ノ岳 3189
2999
塩見岳
3052
赤石岳
悪沢岳
3121
3141
聖岳
3013
茶臼小屋
畑薙第一ダム
井川オートキャンプ場
富士見峠
駿河湾
静岡市
大浜海岸
FINISH
TJARのコース

縦走して池山尾根を下り、菅ノ台へ下山します。駒ヶ根市街を抜け、南アルプス・仙丈ヶ岳の地蔵尾根登山口の市野瀬へ。

仙丈ヶ岳から仙塩尾根を南下し、塩見岳、荒川前岳、赤石岳、聖岳と縦走して、畑薙大吊橋に下山。最後は車道を約90kmで、駿河湾の大浜海岸に到着します。

Q　距離や制限時間は？

A　登山道と車道全長４１５km。８日以内にゴールしないといけません

総距離は４１５km。内訳は、登山道が１９８km、車道が２１７km。制限時間は８日間。時間に直すと１９２時間となります。

登山道１９８kmの標準コースタイム（ＣＴ）の合計は１３７時間30分。また車道区間は２１７kmで、１kmを12分のペースで歩けば43時間24分で踏破できます。つまり、登山道をＣＴどおりに歩き、車道を１km12分で歩き続ければ、合計時間は１８０時間４分となり、制限時間内にゴールできる計算になります。

とはいえ、人間は休憩なしに１８０時間も動き続けることは不可能。そこで、睡眠を1日3時間として再計算します。８日間では計7回眠ることになるので、3時間×7回＝21時間の睡眠時間が確保できます。しかし、行動時間１８１時間に睡眠21時間を足

2018年、無補給チャレンジを成し遂げ大浜海岸へ帰還した望月将悟を迎える人の波（写真＝金子雄爾）

代表的な縦走コースとTJARコースの比較

コース名	距離	累積標高差	標準コースタイム
TJAR(北ア:馬場島－上高地、中ア:、南ア:市野瀬－畑薙大吊橋)	415km	27,000m	132時間45分(※登山道部分のみのタイム)
北アルプス:室堂～一ノ越～五色ヶ原～薬師岳～太郎平小屋～黒部五郎岳～双六岳～槍ヶ岳～横尾～上高地	63.4km	5,347m	40時間11分
南アルプス:黒戸尾根～甲斐駒ヶ岳～北沢峠～仙丈ヶ岳～三峰岳～塩見岳～三伏峠～荒川前岳～赤石岳～聖岳～茶臼小屋～畑薙大吊橋～畑薙第一ダム	85.5km	11,023m	62時間15分
大雪十勝連峰:十勝岳温泉～上ホロカメットク山～十勝岳～トムラウシ山～白雲岳避難小屋～旭岳～姿見駅	60.7km	4,200m	32時間47分

すと合計202時間となり、制限時間をオーバーしてしまいます。

以上、ここまでは机上の空論。ではあなたは、歩き21時間＋睡眠3時間で、8日間連続で行動し続けられますか？　つまるところは、標準CTより高速で行動するのはもちろん、睡眠や休憩時間も極限まで削らなければ、8日以内での踏破などとても不可能なのです。

Q　どういうルールですか？

A　基本的には「テント泊縦走」と同じです

本戦では、チェックポイント31カ所を走りまたは歩きですべてつなぎ、宿泊はテントやツエルト等での露営のみ。山小屋・避難小屋ほかでの宿泊や仮眠は禁止。サポート行為は禁止。山小屋や食堂での食事、商店での物品購入は可。山小屋利用は4時～18時のみ可。等々、厳しいルールが定められています。

2021年大会からは「山小屋での食事や買い物

は禁止（水の購入のみ可）」という、大幅なルール変更が行なわれます。このルール変更で、選手はこれまでより多くの食料を担がないといけなくなります。

Q　誰でも参加できますか？

A　選考された人だけが出場できます

ＴＪＡＲ出場決定までには、「書類選考」「選考会」という二重のハードルがあります。

書類選考では、「コースタイム20時間以上を２日間連続行動するなか、標高２０００ｍ以上のキャンプ指定地（北海道は１５００ｍ以上）において、４回（４泊）以上のビバークスタイルでのキャンプ経験があること」「消防署の上級救命講習、日本赤十字社の救急院養成講習の有効期限内である修了証明書の提出」「１日にコースタイム25時間以上の山岳トレイルコースを、コースタイムの60％以下のタイムで走り切れる体力と全身持久力を有すること」「フルマラソン３時間20分以内、または１００㎞マラソン10時間30分以内に完走した記録」ほかの要件が定められています。これらの要件をクリアしていることは当然として、総合的な山岳経験も選考の基準となります。

選考会は日本アルプスの山岳エリアで行なわれ、走る速さだけでなく、ビバーク技術、生活技術、読図力、危険予測・回避力・対応能力なども実地でテストされます。

本戦に出場できるのはわずか30人。30人を超える人が選考会に合格した場合は「抽選」が行なわれ、最終的に30人に絞られます。

Q　過去最速記録は？

A　4日23時間52分です

ＴＪＡＲは２００２年の第１回大会以来、２年に一度開催されています。

第１回は参加者わずか５人。大会創設者の岩瀬幹生（現・愛知県山岳連盟副理事長）がただ一人完走し、記録は７日５時間７分でした。その後、04年、06年大会まで出場人数は10人に満たず、知る人ぞ知る存在でした。しかしトレイルラン人気が高まり始めた08年には19人が出場、田中正人が初めて６日切りの記録を叩き出します。10年、初出場の望月将悟が田中の記録を５時間以上更新。12年・14年大会は天候が悪すぎ、望月は自身の記録を更新できませんでしたが、16年大会でついに、史上初の５日切りを達成しました。

今後、さらなる記録更新はありうるのでしょうか？

Q　どんな人が出場していますか？

A　20代から50代まで。女性も参加しています

一例として、16年大会の完走者25人を年代別に見ると、30代が16人、40代が８人、50代が１人。平均年齢は39歳でした。通常、体力的に最も優れているのは20代だといわれます

最速記録の変遷

開催年	タイム	達成者
2002年	7日5時間7分	岩瀬幹生
2004年	6日2時間00分	田中正人
2008年	5日10時間32分	田中正人
2010年	5日5時間22分	望月将悟
2016年	4日23時間52分	望月将悟

が、TJARのように超長時間の持久力が求められるレースでは、40歳前後の人がいちばん強いようです。

50歳以上の完走者は、1人目は08年、創設者の岩瀬幹生。このとき岩瀬は53歳で、記録は7日14時間21分でした。続く2人目は16年の岡田泰三の52歳で、18年には岡田が2回目の完走をしたのに加え、竹内雅昭が史上最高齢となる58歳で完走するなど、50代の完走者は増え続けています。

女性選手は、第1回の02年と18年を除き、毎回出場しています。女性の完走者は、間瀬ちがや(4回)、星野緑(2回)、14年の西田由香里(1回)に、16年大会で栗原葉子が加わり、今のところ計4人となっています。

選手別、TJAR完走回数(カッコ内は完走年)

5回	望月将悟(10・12・14・16・18)、 船橋智(10・12・14・16・18)
4回	間瀬ちがや(04・06・08・10)、飯島浩(04・08・10・12)、 紺野裕一(08・10・14・16)
3回	岩瀬幹生(02・04・08)、駒井研二(04・08・10)、 飴本義一(08・12・14)、大西靖之(10・12・14)、 松浦和弘(12・14・16)、石田賢生(14・16・18)、 雨宮浩樹(14・16・18)、佐幸直也(14・16・18)、 柏木寛之(14・16・18)
2回	田中正人(04・08)、星野緑(08・10)、宮崎崇徳(08・12)、 宮下晋(10・12)、奥野博士(10・12)、木村正文(10・12)、 阪田啓一郎(12・14)、北野聡(12・16)、田中尚樹(12・16)、 福山智行(12・18)、大原倫(14・16)、米田英昭(14・16)、 男澤博樹(16・18)、江口航平(16・18)、吉藤剛(16・18)、 岡田泰三(16・18)
1回	塚田聖次(04)、高橋香(06)、田中陽希(08)、須田忠明(08)、 鈴木基(08)、湯川朋彦(08)、西岡利泰(08)、山北道智(08)、 泉直人(10)、井上智司(10)、志村郷(10)、横内忠之(10)、 小野雅弘(12)、小畑剣士(12)、梅澤功(12)、東山高史(12)、 朽見太朗(14)、西田由香里(14)、渡部祥(16)、新藤衛(16)、 斉藤聡之(16)、桑山史朗(16)、仙波憲人(16)、岩崎勉(16)、 栗原葉子(16)、恵川裕行(16)内山雄介(16)、垣内康介(18)、 近内京太(18)、鹿野颯太(18)、有吉俊博(18)、阿部公一(18)、 片野大輔(18)、高島伸介(18)、古澤法之(18)、星加博之(18)、 高田全希(18)、原一平(18)、及川耕太郎(18)、竹内雅昭(18)、 大坪穂高(18)、中野洋平(18)、細田典匡(18)

TJAR 2002

順位	氏名	ゴールタイム	年齢
1位	岩瀬幹生	7日5時間7分	47
−	加藤幸光	DNF(上高地)	
−	小野雅司	DNF(市野瀬)	
−	鈴木伸弘	DNF(三伏峠)	
−	中野善人	DNF(剱岳)	

TJAR 2004

順位	氏名	ゴールタイム	年齢
1位	田中正人	6日2時間0分	36
2位	間瀬ちがや	7日3時間55分	38
3位	岩瀬幹生	7日4時間48分	49
4位	飯島 浩	7日14時間30分	35
5位	駒井研二	7日15時間0分	30
6位	塚田聖次	7日16時間0分	
7位	加藤幸光	タイムオーバー(8日6時間0分)	
−	高橋 香	DNF(井川駅でリタイア)	

TJAR 2006

順位	氏名	ゴールタイム	年齢
1位	間瀬ちがや	7日10時j間48分	40
2位	高橋 香	7日19時間25分	39
−	田中正人	DNF(木曽駒高原スキー場)	38
−	飯島 浩	DNF(木曽駒高原スキー場)	37
−	岩瀬幹生	DNF(駒ヶ根高原・菅の台)	51
−	岩崎 勉	DNF(駒ヶ根高原・菅の台)	39

TJAR 2008

順位	氏名	ゴールタイム	年齢
1位	田中正人	5日10時間32分	40
2位	紺野裕一	5日18時間20分	33
3位	駒井研二	6日7時間57分	34
4位	間瀬ちがや	6日21時間11分	42
5位	田中陽希	6日22時間55分	24
6位	須田忠明	7日10時間42分	39
7位	飯島 浩	7日14時間21分	39
8位	岩瀬幹生	7日14時間21分	53
9位	星野 緑	7日15時間31分	34
10位	鈴木 基	7日15時間46分	44
11位	湯川朋彦	7日17時間25分	41
12位	西岡利泰	7日17時間25分	26
13位	宮崎崇徳	7日20時間11分	34
14位	山北道智	7日22時間35分	21
–	伊藤奈緒	DNF(畑薙第一ダム)	31
–	実井孝明	DNF(仙丈ヶ岳)	43
–	平井小夜子	DNF(駒ヶ根高原・菅の台)	45
–	宮下 晋	DNF(宝剣岳)	36
–	加藤幸光	DNF(上高地)	54
–	志村 郷	DNS	35

TJAR 2010

順位	氏名	ゴールタイム	年齢
1位	望月将悟	5日5時間22分	32
2位	紺野裕一	5日11時間58分	35
3位	駒井研二	5日23時間20分	36
4位	間瀬ちがや	6日17時間48分	43
5位	船橋 智	6日17時間55分	31
6位	飯島 浩	6日22時間分	41
7位	泉 直人	6日23時間41分	46
8位	宮下 晋	7日4時間56分	38
9位	井上智司	7日12時間48分	41
10位	奥野博士	7日13時間17分	37
11位	星野 緑	7日17時間24分	36
12位	大西靖之	7日18時間41分	41
13位	志村 郷	7日22時間49分	37
13位	木村正文	7日22時間49分	42
15位	横内忠之	7日23時間21分	44
−	森本泰介	DNF(畑薙第一ダム)	35
−	四俣 徹	DNF(畑薙第一ダム)	35
−	宮崎崇徳	DNF(三伏峠)	36
−	平井小夜子	DNF(三峰岳)	48
−	石田賢生	DNF(仙丈ヶ岳)	33
−	田中尚樹	DNF(藪原駅)	35
−	鈴木 基	DNF(上高地)	46
−	湯川朋彦	DNF(一ノ越)	43

TJAR 2012

順位	氏名	ゴールタイム	年齢
1位	望月将悟	5日6時間24分	34
2位	阪田啓一郎	5日18時間42分	32
3位	木村正文	5日20時間49分	44
4位	小野雅弘	6日5時間50分	31
5位	船橋 智	6日14時間47分	33
6位	北野 聡	6日20時間27分	45
7位	宮下 晋	6日23時間25分	40
8位	飴本義一	6日23時間43分	46
9位	小畑剣士	7日11時間39分	39
10位	奥野博士	7日12時間54分	39
11位	大西靖之	7日12時間54分	43
12位	梅澤 功	7日13時間45分	47
13位	飯島 浩	7日16時間53分	43
14位	松浦和弘	7日17時間27分	30
15位	東山高志	7日18時間0分	31
16位	田中尚樹	7日18時間13分	37
17位	福山智之	7日21時間53分	33
18位	宮崎崇徳	7日23時間28分	38
–	畠山洋佑	7日19時間33分(時間外小屋使用により参考記録)	45
–	岩崎 勉	タイムオーバー(畑薙 8日23時間23分)	45
–	石田賢生	DNF(赤石岳分岐)	35
–	平井小夜子	DNF(百間洞)	50
–	湯川朋彦	DNF(菅の台)	45
–	宮林 勝	DNF(沢渡)	41
–	田村 聡	DNF(河童橋)	47
–	良本卓也	DNF(槍ヶ岳山荘CP)	39
–	町田吉広	DNF(双六小屋CP)	49
–	森本泰介	DNF(ミラージュランド)	37

TJAR2014

順位	氏名	ゴールタイム	年齢
1位	望月将悟	5日12時間57分	36
2位	飴本義一	6日5時間6分	48
3位	船橋 智	6日6時間54分	35
4位	阪田啓一郎	6日16時間47分	34
5位	石田賢生	6日16時間47分	37
6位	松浦和弘	6日21時間4分	31
7位	大西靖之	6日21時間4分	44
8位	朽見太朗	7日2時間36分	32
9位	大原 倫	7日15時間18分	34
10位	紺野裕一	7日19時間20分	39
11位	西田由香里	7日22時間12分	40
12位	雨宮浩樹	7日23時間6分	36
13位	米田英昭	7日23時間14分	33
14位	佐幸直也	8日2時間4分	32
15位	柏木寛之	8日2時間32分	33
−	仙波憲人	DNF(7日20時間13分　富士見峠)	35
−	田中尚樹	DNF(7日7時間0分　井川CP)	39
−	阿部岳史	DNF(6日13時間50分　大日影山)	38
−	江口航平	DNF(5日19時間45分　三伏峠CP)	32
−	平井小夜子	DNF(6日11時間50分　三伏峠CP)	51
−	山本寛人	DNF(5日8時間10分　野呂川越)	38
−	中村雅美	DNF(4日3時間48分　中ア池山)	50
−	湯川朋彦	DNF(2日18時間10分　沢渡)	47
−	岩崎 勉	DNF(2日11時間31分　西鎌尾根)	47
−	千原 昇	DNF(2日9時間37分　三俣山荘)	49
−	飯島 浩	DNF(2日9時間18分　双六小屋)	45
−	福山智之	DNF(2日4時間35分　双六小屋)	35
−	笹岡 誠	DNF(1日6時間11分　室堂)	40
−	石川 晃	DNF(0日18時間20分　一の越山荘)	41
−	町田吉弘	DNF(0日16時間15分　一の越山荘)	51

TJAR2016

順位	氏名	ゴールタイム	年齢
1位	望月将悟	4日間23時間52分	38
2位	紺野裕一	5日間07時間21分	41
3位	渡部 祥	5日間10時間52分	36
4位	石田賢生	5日間14時間49分	39
5位	船橋 智	5日間20時間24分	37
6位	新藤 衛	5日間23時間31分	48
7位	斉藤聡之	6日間05時間05分	32
8位	北野 聡	6日間05時間09分	49
9位	大原 倫	6日間08時間46分	36
10位	雨宮浩樹	6日間09時間48分	38
11位	佐幸直也	6日間15時間00分	34
12位	米田英昭	6日間19時間09分	35
13位	柏木寛之	6日間20時間56分	35
14位	松浦和弘	6日間22時間21分	33
15位	男澤博樹	6日間22時間54分	43
16位	江口航平	6日間23時間32分	34
17位	桑山史朗	6日間23時間50分	39
18位	吉藤 剛	7日間09時間54分	33
19位	仙波憲人	7日間10時間39分	37
20位	田中尚樹	7日間14時間13分	41
21位	岩崎 勉	7日間17時間48分	49
22位	岡田泰三	7日間19時間56分	52
23位	栗原葉子	7日間23時間35分	38
23位	恵川裕行	7日間23時間35分	40
25位	内山雄介	7日間23時間44分	45
リタイア	竹内雅昭	DNF(7日4時間0分　井川)	56
リタイア	村上貴洋	DNF(6日16時間19分　聖平)	39
リタイア	朽見太朗	DNF(4日9時間24分　三伏峠)	34
リタイア	玉木千春	DNF(3日3時間31分　双六小屋)	43

TJAR2018

順位	氏名	ゴールタイム	年齢
1位	垣内康介	6日1時間22分	39
2位	船橋 智	6日6時間37分	39
3位	近内京太	6日8時間11分	40
4位	江口航平	6日9時間56分	36
5位	佐幸直也	6日9時間56分	37
6位	吉藤 剛	6日12時間17分	35
7位	望月将悟	6日16時間7分	40
8位	鹿野颯太	7日4時間23分	28
9位	有吉俊博	7日9時間27分	47
10位	石田賢生	7日10時間1分	41
11位	男澤博樹	7日10時間15分	45
12位	阿部公一	7日11時間46分	38
13位	片野大輔	7日12時間12分	37
14位	高島伸介	7日12時間40分	52
15位	雨宮浩樹	7日13時間41分	40
16位	柏木寛之	7日16時間43分	38
17位	古澤法之	7日17時間10分	53
18位	星加博之	7日17時間52分	37
19位	高田全希	7日19時間4分	45
20位	岡田泰三	7日20時間25分	54
21位	原 一平	7日21時間47分	38
22位	福山智之	7日21時間53分	39
23位	及川耕太郎	7日22時間17分	38
23位	竹内雅昭	7日22時間17分	58
25位	大坪穂高	7日23時間15分	39
26位	中野洋平	7日23時間51分	37
27位	細田典匡	7日23時間58分	34
−	前田圭紀	DNF(仙丈ヶ岳)	42
−	岩崎 勉	DNF(三伏峠CP)	51
−	秋元恒郎	DNF(茶臼小屋)	45

2016年大会に見る、選手の装備・行動

2016年大会の報告書を詳細に読み込み、選手の装備や、完走するための行動パターンを調べた。『山と溪谷』17年2月号に掲載した記事から一部を抜粋する。

文=宮崎英樹

ザック

ザックの容量は、大半の選手が25ℓ前後。この約25ℓの中に、ツエルト、シュラフカバー、マット、行動食や水などの全装備を収納している。

近年、ファストパッキング用の25〜35ℓのザックが数多く発売されている。装備やウェアの軽量化・コンパクト化が進み、1泊程度のテント泊装備ならこのサイズに無理なく収まるようになった。

ほとんどの選手が、ショルダーハーネスにボトルホルダーが付くザックを使用していた。毎日18〜21時間くらい行動し続ける選手にとって、ザックを下ろさなくても水分やエネル

ギーを補給できるシステムは必須だ。補給のたびにザックを背中から下ろし、本体からボトルや食料を取り出していては時間の無駄だし、登山道を歩きながらそれをやると危ない。ショルダーハーネスやウエストベルトのポケットから水分や食料を取り出せるほうが、適切なタイミングかつ頻繁に補給することになり、結果としてペースアップにつながるのだ。

シューズ

登山靴を履いていた選手はゼロで、全員がトレイルランニングシューズかランニングシューズを履いていた。5～10kgの装備を担いで登山道を進む選手たちがしている行為は「登山」そのものだが、では、選手たちはなぜ登山靴を履かないのか？

選手は登山道を標準コースタイムの50～60％程度のスピードで進む。平地や下りでは早歩きと駆け足がメインとなる。ハイカットやミッドカットの登山靴では、足首の柔軟な動きに制限がかかる。足首の保護は登山靴の重要な機能のひとつだが、ＴＪＡＲ選手のようなスピードハイカーは足首の動きを活用したい。足首関節の自由をある程度制約することが登山靴の重要な役割なのだが、ＴＪＡＲ選手やスピードハイカーにとってはそれが「じゃま」なのだ。もう1点は、登山靴のソールの硬さ。ある程度のスピードで歩くと、足裏の母指球の部分で曲がってくれないとスピードが出せない。

加えて、全行程４１５㎞のうち半分以上の２１７㎞がアスファルト舗装されたロード。ＴＪＡＲにはやはり、トレランシューズかランニングシューズが適している。

7日間でゴールするための「基本行動予定表」

ＴＪＡＲの大会報告書には、８日以内にゴールするためのスタンダードなモデルプランである「基本行動予定表」が掲載されている。その表を次ページに転載した。この予定表どおりに行動すれば、７日目の朝にゴールの大浜海岸に到着することができるため、制限時間内の完走を目的とする選手はこれを目安にして、自身のレースプランを組み立てているようだ（6日切りをめざすような速い選手は別）。この表を詳しく見ていき、最良の結果を生み出すための理想的な行動パターンを考えてみよう。

まずは1日単位の行動予定を見てみよう。たとえば2日目。スゴ乗越小屋を3時に出発し、上高地に19時に下山する。距離55km、コースタイム（ＣＴ）30時間55分の登山道を16時間（休憩込み）で踏破する計画だ。ＣＴ短縮率は52％。つまり、ＣＴの2倍のスピードで16時間歩き続けないと、この予定は達成できない。このスピードを維持するのは、歩きだけではいかなる早歩きでも無理で、平坦地や下りでは駆け足となる。なお、ＣＴ30時間55分とは、一般登山者なら5日（1日平均6時間強）か4日（1日平均7時間45分）かけて歩くコースだ。

同じく5日目は、市野瀬を3時に出発し、高山裏避難小屋に19時20分到着。距離50km、ＣＴ33時間10分の登山道を16時間20分（休憩込み）で踏破する計画だ。こちらは短縮率49％であり、２日目よりさらにハイペースで進まなければならない。

続いて出発時間と到着時間を見てみよう。２日目以降の出発時間は未明の3時で、ビバーク地到着は18時ごろの日が多い（遅い日でも19時20分）。計画どおりに進めれば、ビバーク地

8日以内で完走するための標準的な行動予定表

日付	行動予定	ロード	登山道	関門
8/7 (1日目)	早月川河口／ミラージュランド(0:00)→馬場島(4:30)→早月小屋(7:30)→剱岳(9:30)→別山乗越(11:15)→立山(12:45)→一の越山荘(13:15)→五色ヶ原(15:15)→越中沢岳(116:15)→スゴ乗越(18:00)	29km	29km CT25:55	
8/8 (2日目)	スゴ乗越(3:00)→薬師岳(4:30)→太郎平小屋(5:45)→黒部五郎小舎(9:35)→三俣蓮華岳(10:45)→双六小屋(11:50)→槍ヶ岳山荘(15:00)→槍沢ロッヂ(16:30)→横尾山荘(17:30)→上高地(19:00)	なし	55km CT30:55	
8/9 (3日目)	上高地(3:00)→沢渡→奈川渡ダム→境峠→藪原駅→原野→旧木曽駒高原スキー場(15:00)	68.6km	なし	7:00、上高地 (小梨平キャンプ場)
8/10 (4日目)	旧木曽駒高原スキー場(3:00)→7合目(4:00)→木曽駒ヶ岳(5:30)→宝剣岳(6:15)→檜尾岳(8:00)→木曽殿越(9:30)→空木岳(10:30)→駒ヶ根高原(13:00)→駒ヶ根駅→分杭峠分岐→市野瀬(18:00)	26.5km	29km CT21:45	
8/11 (5日目)	市野瀬(3:00)→仙丈ヶ岳(7:30)→野呂川越(9:45)→三峰岳(11:20)→熊ノ平小屋(12:10)→塩見岳(15:00)→三伏峠(17:00)→高山裏避難小屋(19:20)	3.2km	50km CT33:10	12:00、市野瀬
8/12 (6日目)	高山裏避難小屋(3:00)→荒川前岳(4:30)→荒川小屋(5:30)→赤石岳(6:50)→百間洞山の家(8:00)→兎岳(9:40)→聖岳(11:00)→聖平分岐(12:00)→茶臼小屋(14:15)→畑薙第一ダム(17:10)→井川オートキャンプ場	19.5km	35km CT25:45	17:00、三伏峠
8/13 (7日目)	井川オートキャンプ場→井川ダム→富士見峠→油島→静岡駅→大浜海岸	70.2km		4:00、井川オートキャンプ場
8/14 (8日目)				24:00、大浜海岸

で9時間くらいは休める計算だ。9時間あれば、ツエルトの設営や食事、寝る準備、そして撤収・パッキングなどの時間を加味しても、6時間は眠れる。だが実際には、ほとんどの選手がそこまでゆったり休むことはなかった（疲労困憊で、爆睡して寝坊した結果、6時間寝てしまったという例外はあるが）。

なぜか？　現実には18時や19時には行動を打ち切らないからだ。なぜなら、山小屋で食事を取ったり、トイレに寄ったり、CP通過時刻をメモしたり、水を汲んだりなどなど、足を止めざるをえない時間がどうしても数多く発生するためだ。ルートが正しいかどうかの確認も必要だし、ライトを取り出したり電池を取り換えたり、皮膚保護クリームや日焼け止めを塗ったりといった、こまごました作業もある。

そしてもうひとつは、そもそもCTの50％というスピード設定はちょっと速すぎる。いつも調子がよければいいが、眠気がひどくなったり、体に違和感や痛みがあれば、スピードは落ちる。ほとんどの選手が、極度の睡眠不足と疲労で、幻覚や幻聴を経験するのがTJARだ。そのような事情によって、行動予定表以上の長時間行動がどうしても必要になるのだ。

ビバーク場所の選定は重要

山の上は気温が低く、雨や風の確率も高い。選手たちが持つビバーク装備は万全ではなく、着替え用のウェアも少ない。山中で風雨が続けば、ツエルト内はビショビショだし、じっとしていても体が冷える。眠ろうとしても冷えのため熟睡はできないだろう。それもあって、選手はできるだけ標高が低くて風雨のあたらない場所でのビバークを重視する。

ロード区間は猛暑。日中の行動は避けたい

ＴＪＡＲはロード区間が非常に長い。開催時期のお盆前後は一年で最も高温の時期だ。舗装道路では日陰もほとんどなく、選手は強い日差しや蒸し暑さと戦うことになる。しかし選手は、このロードでスピードを上げないといけない。

たとえば1日目の早月川河口から馬場島までのロードは、距離29㎞で標高０ｍから７６０ｍへ標高を上げる。このロードを、キロ５～８分程度で３～４時間走り続ける。16年は、深夜ながら気温は30℃近くあり、湿度も相当に高かった。また風も弱くて、明け方～午前に早月尾根を登る選手の多くが脱水症状に苦しんだ。最終的に２位でゴールした紺野裕一も、１日目前半は脱水による筋肉の痙攣に悩まされたという。また男澤博樹は、馬場島までのロードの序盤はキロ５分10秒、後半はさらにペースを上げたが、登山道に入るとまったくペースを上げられなくなり、そのうち吐き気やしびれ、めまいなど高山病の症状に苦しんだ。彼らは、水を飲まなかったから脱水になったわけではなく、汗と一緒にナトリウムやカリウム、カルシウムなどの電解質が急激に失われたことによる電解質異常に陥ったのだろう。

ロードでの補給計画。ミスすれば命取りに

ロード区間でも、いつでも補給が可能なわけではない。街中ならそこかしこに24時間営業のコンビニがある時代だが、TJAR選手が通る道路沿いには商店が何十キロも現われない区間がある。

例えば、上高地から中央アルプス登山口の旧木曽駒高原スキー場までの約69km。上高地と大正池には食堂・売店・自販機がある。だが大正池から先、10kmの間は何もなく、沢渡でようやく食堂や自販機が現われる(もちろん夜間は営業していない)。沢渡の先も約13kmにわたって自販機ひとつない。飲み物はまだしも、夜になって食堂や売店が閉まると食料がまったく調達できない。こうなると事態は深刻だ。店が閉まったからといって、店が開く翌朝まで寝て過ごすわけにもいかないのだ。

ストックシェルターが大人気

16年は、選手29人のうち、23人がストックシェルターを、6人がツエルトを使用していた。12年大会で初登場したストックシェルターは、16年大会では使用率が79%まで上昇した。ストックシェルターは、重さはツエルトとほぼ同じで、ペグ2本とストック2本で簡単に立てられるのがメリット。一方、内部の狭さや結露の激しさ、換気性能の低さ、雨に弱いなどのデメリットもあり、一般登山者がテント代わりに使用するにはかなりハードルが高い。通常のテント泊登山の場合、テント場に12時間以上滞在し、うち8時間はテント

内で過ごすので、中の快適性が重要だ。しかしＴＪＡＲ選手は、中では横になって短時間寝るだけ。快適性はそれほど重要ではない。

8日間のうち、どこで、何回、何時間寝るか？

ＴＪＡＲは速さを競うレースであるとともに、制限時間もある。ほとんどの選手は1日18～21時間ほど行動し、3～6時間程度の睡眠をとる。明るい時間帯は行動し、夜は早めに行動を切り上げ、また未明から行動を再開する選手が多い。

ビバーク地も一人一人違う。例えば1日目は、望月、紺野、朽見、石田の4選手は黒部五郎小舎（望月、紺野選手は日付が変わらない時間に再出発）。その後続は薬師峠、スゴ乗越、五色ヶ原と分かれ、最後尾は富士ノ折立でビバークしている。目的地に予定より早く着いたら、長く寝て力を蓄える、翌日の行動開始を早めるなどの前向きな計画変更ができるが、予定より遅れた場合は挽回のためのシビアな計画変更が必要となる。

また、山小屋での食事や買い物は4時～18時のみと定められていて、時間外に山小屋を通っても食料を調達できない（21年からはルール変更あり）。選手たちはさまざまな制約のなか、どこで何時間寝るかを逐次計算しながら行動しているのだ。

補給。持ち過ぎないギリギリを攻める

選手は装備をぎりぎりまで削って軽量化を図る。荷物の総重量は、軽い選手で5kg、重

い選手でも10kg程度。このうち食料と水は相当な割合を占めるはずだ。

そもそも登山は、高い心拍数を長時間維持する激しいスポーツであり、エネルギーの継続的摂取が欠かせない。まして、1日18時間以上の激しい運動を最大8日間も続けるTJARは究極の耐久系スポーツであり、一般登山以上の大量のエネルギーが必要となる。必要な栄養素の一番手は、筋肉や脳のエネルギー源となる米・パン・麺類などの糖質。選手は持参した行動食はもちろん、山小屋ではカレーやカップ麺などの糖質を大量に補給する。また、筋肉は激しい運動で傷つき、またエネルギー源としても分解されるので、タンパク質やアミノ酸の補給も欠かせない。さらには、これだけの長時間運動では脂肪もエネルギー源として消費され続けるので、脂肪の摂取も必要だろう。レース中にたくさん食べられる選手は強く、食べられなくなった選手は動けなくなって失速する。

選手は激しく動き続け、大量の汗をかき、睡眠時間は極端に少ないため、内臓疲労も蓄積する。そうなると、食べたものを消化できず下痢をしたり、気持ち悪くなって食べられなくなったりする。また、汗を大量にかいたからといって水だけを大量に飲むと、血液中のミネラルバランスが崩れ、これも体調を崩す原因となる。

エネルギーや水切れを起こしたらその瞬間に動けなくなるが、逆に調子がいいからといって闇雲に飲み食いすると、翌日や数日後に痛いしっぺ返しを食うかもしれない。つまり、何をどういうタイミングで摂取するかは、選手にとって最大関心事のひとつなのである。

装備軽量化のポイントは「食料」と「水」

すべての栄養源を、スタート時点から大量に持つことはできない。なぜなら選手は、1gでも荷重を減らしたいからだ。軽くしたらしただけ、無駄な体力消耗を防ぎ、スピードアップにつながることを選手は知っている。だから、綿密に計画することで一気に軽量化が進む食料と水が、軽量化の最大のターゲットとなるのだ。

選手が食料・水の補給計画を立てるうえでのポイントは、自分が次の補給可能ポイントまで、何をどれくらい消費するかを把握すること、そしてその補給可能ポイントで何を補給できるかを把握しておくこと、この二つだ。

食料の消費量と、補給ポイントを把握する

選手は山小屋での食事を前提に行動している。山小屋では、お昼ごろならカレーやラーメンが食べられるし、売店営業時間内ならカップラーメンやパン、チョコレートなどを購入できる。

ただしTJARルールでは、山小屋利用は4時〜18時のみ可能で、18時〜翌4時は利用禁止。山小屋のカレーを楽しみにしていたのに、山小屋到着が18時を回ってしまい食べられず、という残念な例は多い。その18時から翌日4時までの10時間は、どの山小屋でも食料補給ができない。そうした事態を想定して、行動食を多めに持つ選手もいるし、米が食べたいからとアルファ米を常備する選手もいる。

すべてが当初計画どおりに進む選手はいない。というより、体調を崩したり、睡魔にやられて予定以上に寝てしまったりといったトラブルの連続だろう。だからといって、あらゆる装備、あらゆる食料を持っていたら、今度はレースにならない。綿密な計算に基づいてぎりぎりの食料・水を持ち、危機管理のためのわずかなバッファをプラスしているのがＴＪＡＲ選手なのだ。

なお、山小屋での食料と水分の補給については、21年大会からルールが大きく変更される。

細かなケアで、重大なトラブルを回避する

14年大会までは、多くの選手が足裏のトラブルに苦しんできた。足裏の皮膚はシワシワ、指にはマメがいくつもあってテーピングテープを巻いている。そんな状態で４１５㎞の道のりを移動するのだから、痛くないはずがない。一般登山者が雨のなかを何日も歩く機会はまずないので、足裏のトラブルがどれほど深刻な痛みにつながるかはピンと来ないだろう。ある選手はこの状態を「剣山の上を裸足で歩く」と表現していた。

14年大会は初日の台風直撃以降、とにかく雨が多かった。選手はトレランシューズからランニングシューズを履いているので、シューズ内は常に濡れた状態。当然、シューズ内の皮膚もつねに濡れているため、皮膚がふやけてしまう。ビバークするツエルト内は浸水や結露で濡れている。ガスバーナーも大半の選手が持っていないし、濡れものを乾かす手段

はない。ビバーク後は濡れたソックスを履き直し、濡れたシューズを履くしかない。

そんな状態でさらに足を酷使すれば、マメや水ぶくれができるのは当たり前、さらには皮膚にできた深い皺が激しい痛みを発生させる。きわめつきは南アルプスから駿河湾までのロード85㎞。ここまでさんざん痛めつけられたあげく、ロードのランでは同じ箇所に繰り返し刺激が加わるため、最終日は地獄のような痛みとの戦いに明け暮れる……。これこそが、14年までのTJARで繰り返されてきたことであり、ゴールした選手はまさに満身創痍で、それがまた選手の超人性をいっそう強調したものだった。

ところが16年大会では、足裏のトラブルに苦しむ選手が激減。ゴールした選手の多くが爽やかな顔をしていた。

14年までの状況が一変した原因は複数ある。

ひとつは天候。16年は雨がほとんど降らず、選手は足の皮膚が乾いた状態でレースを続けられた。これが最大の要因だ。次に、完走には、足の皮膚の乾燥と清潔を保つことが重要であることが深く認識され、多くの選手が行動したこと。行動中、座って休む際にはすかさずシューズとソックスを脱いで足を乾燥させ、ツエルトでビバークするときはソックスを脱ぎ、足をきれいに拭く選手が目立った。

また、選手が履いているトレランシューズやランニングシューズは登山靴に比べ通気性が桁違いによい。つまり雨が降らないかぎり、シューズ内の乾燥状態をキープしやすい。ソックスも、足にしっかりフィットして皮膚との摩擦を防ぐ薄手タイプで、素材も和紙やウール混などの濡れに強く乾きやすい製品を履く選手が増えた。

そしてもうひとつは、足裏や股間、脇や乳首など、ウェアやシューズなどとの摩擦による皮膚トラブルが起きがちな箇所に塗る、スポーツ専用の皮膚保護クリームを積極的に使用する選手が増えたこと。具体的には「プロテクトJ1」「ガーニー・グー」などだ。マラソンなどのスポーツではこれまでも、薬局で買えるワセリンを塗る人が多かったが、右記の製品は、一度塗れば皮膚を長時間保護する。選手も、トラブルが起きてからではなく、トラブルを未然に防ぐことの重要性への認識が深まり、一日の出発時だけでなく、行動中も定期的にクリームを塗る選手が多かったという。

2021年大会からのルール変更点

TJAR2020（21年8月8日0時スタート）からの、主なルール変更点は以下のとおり。

直近2回の大会に連続出場している人は申し込めない。1回休めば再びエントリー可

具体的には、16年と18年大会に連続して出場した人は、TJAR2020（21年開催）に申し込めない。例年、書類選考を通過して選考会へ進む人が60人程度いるが、本戦へ出場できるのは30人だけという「狭き門」となっている。実行委員会では、3大会連続の参加を禁止とすることで、より多くの人に出場のチャンスを与えたい考えのようだ。

山小屋での食料の購入禁止（水のみ補給・購入可）

18年大会までは、山小屋での食事や、食料・ドリンクの購入が認められていた（利用可能時間の制限はあった）。これが今後、水の購入以外、山小屋の買い物がいっさい認められなくなる。山小屋で大盛りカレーやカップ麺を食べてエネルギーチャージする、ということができなくなる。また、これまで以上に多くの食料を携帯しなければならない。選手の行動パターンが大きく変わることは必須であり、各選手がどういう戦略で臨むかが注目される。

必須装備に「ココヘリ」「マスク」「携帯トイレ」を追加

ココヘリは超小型の個人識別機能つき電波発信機で、行方不明者の捜索・発見が容易になる。携帯トイレについては、南アルプス南部の山小屋が営業しないことも考慮しての措置だと思われる。

第2章 TJAR2008を振り返る

TJAR2008

2000年代、山と溪谷社から刊行していた雑誌『アドベンチャースポーツマガジン』。当時、アドベンチャーレースやトレイルランニングを扱う唯一の雑誌であり、唯一の情報源でもあった。ここでは両誌に掲載されたTJARの特集記事から抜粋して掲載する。

2008年大会ダイジェスト

田中正人が、自らがもつ大会記録（6日2時間00分）を大幅に更新し、5日10時間32分で優勝を成し遂げた。田中と一時デッドヒートを演じた紺野裕一は5日18時間20分でゴールし、総合2位となった。彼らに続いて1週間以内にゴールしたのは、駒井研二、飴本義一、間瀬ちがや、田中陽希の4人。

この中で、間瀬は6日21時間11分でゴールし、女子優勝を果たした。さらに8日間の制限以内にゴールしたのは、須田忠明、飯島 浩、岩瀬幹生、星野 緑、鈴木 基、湯川朋彦、西岡利春、宮崎崇徳、山北道智の9名だった。残念ながら途中でリタイアしたのは、伊藤奈緒、実井孝明、平井小夜子、宮下 晋、加藤幸光の5人。また、DNSは志村 郷だった。

岩瀬幹生インタビュー
「TJARは参加者自らが主催者なのです」

インタビュー・文＝大関直樹

――このレースの創始者かつ主催者の一人でもある岩瀬さんが、TJARを始めようと思った動機を教えてください。

岩瀬　私は16年前（1992年）から、いろいろなコースで日本横断縦走（日本海～日本アルプス～太平洋）を7度試みました。これは、個人的なトライアルだったのですが、もしアドベンチャーレースや山岳マラソン等で活躍するスペシャルアスリートとともに日本海～日本アルプス～太平洋を競い合って駆けぬけたならば、すばらしい成果が期待できるのではないかと思い、2002年、同志とともに、このレースを立ち上げたのです。

――なるほど。ではTJARとはひと言でいうと、どんなレースなのでしょうか？

岩瀬　TJARは「露営装備・食料等を担いで日本山岳耐久レースを8日間続けるようなもの」だと思います。一般のトレイルレースは1～2日が普通ですが、TJARは制限期間が8日（予備日1日含む）のため、山を走るだけでなく、山の中で生活しながらレースを続けなければなりません。そのためには、山での総合力（露営・生活技術、読図、気象の知識等）はもちろんのこと、毎日の行動タクティクスや体調管理がきっちりできないと、完走も難しいと思います。また、日本山岳耐久レースをはじめとするトレイルランの大会は、標高1600m程度の里山で行なわれることが多いのですが、TJARは3000m級の山々が連なる日本アルプスを駆け抜ける壮大なレースです。平地での最大酸素摂取量を100とすると、里山が98に対し、日本アルプスでは88になってしまいます。山岳フィールドにおいては、パフォーマンスが10％以上も減衰してしまうのです。しかも寝不足とオーバーワークで幻聴や幻覚を何度も体験し、身も心もボロボロになりながらも、ゴールの太平洋をめざしてひたすら走り続ける「自己へのチャレンジレース」でもあります。

――第4回の08年のレースでは、過去最高の25選手が参加しましたが、運営上の反省点などがありましたら教えてください。

岩瀬　実行委員会のメンバー全員が選手として参加したため、大会のフォローアップがしっかりできなかったことが挙げられます。選手は全員携帯電話を携行し、非常時に連絡できるような態勢をとり、さらに主要CPにおいて大会本部に連絡を入れるルールを設定したのですが、南アルプスでは携帯がつながりにくく、ある女子選手とは、2日以上連絡がとれなくなりました。これには、少し心配しました。次回（10年）は、選手の動向を把握するために、主要CPにスタッフを常駐させ、アクシデントが発生した場合には、すばやく対応できる態勢をつくります。

――10年のレースに向けて、ほかにも変更点はありますか？

岩瀬　大きなものでは、前回は選手への応援を禁止していたのですが、それを緩和する方向で考えています。もともとこの大会は、「参加者自らが主催者である」という基本コンセプトが根底にあり、レース中にケガや事故、遭難等のアクシデントが発生しても、すべて自己責任であることで成り立っています。自己責任とは人に頼らないことでもありますから、まわりの人からのサポートもできるだけ少なくし、選手間に不公平感が出ないようにと考えていました。たとえばＣＰで友人や家族が待っているだけでも精神的なサポートにつながりますから……。しかし、これを厳格に行なうと、レース自体がギスギスして寂しくなってしまいます。そこで、応援や取材に関しては、前回ほどは厳しくしないようにしたいと思っています。

――次回のレースに参加を考えている人に、メッセージをお願いします。

岩瀬　先ほども言いましたが、このレースは山岳フィールドの走力だけでなく、ヤマでの総合力が必要なので、実際に日本アルプスに行き、山での露営・生活技術、大雨や雷などの危機予測力・回避力等を高めるような練習をしてほしいと思います。たとえば、ビバーク適地を探して、すばやく確実にツエルトを張ったり、食事・休養・睡眠を要領よくとることなどです。そして大雨・霧や雷等に遭遇した場合、きっちり状況判断してスピーディに行動できる力を身につけてほしいと思います。これらのことを身につけた上で、「日本海から日本アルプスを越えて太平洋までを駆け抜ける」ことにロマンを感じる人は、どんどん参加してほしいですね。

「〝勝つ〟とは己の目標を達成するということ」

文＝田中正人

ＴＪＡＲは、普通のトレランレースとはわけが違う。日本アルプスの３０００ｍ峰は、トレイルではなく〈登山道〉だ。道なき道やガレガレの岩場を心細いペンキのマーキングだけを頼りに進み、シューズばかりか脚までもボロボロになってしまう。さらに睡眠時間も競技時間に含まれるため、常に睡眠不足の状態で、ペース調整、体調管理、水や食料の管理、ルート確認、天候予測、危機管理などをしなくてはならない。このような過酷なレースで勝つためには、肉体的な強さもさることながら、精神的なタフさが必要だ。強い目的意識やモチベーションを維持するとともに、レースを旅として楽しむ心のゆとりもなければ完走さえ難しいと思う。

ＴＪＡＲではその人のトレランや登山などの経験がフルに発揮されると思う。そのため体力だけでなくアウトドア活動全般の経験値が高いほど、本番のレースではアドバンテージになるだろう。そして本当に必要なのは絶対的な体力ではなく、自分自身の現状の実力を把握し、それに見合った行動ができる精神力だ。ＴＪＡＲでは少しでもその人の実力以上の行動をとってしまうとすぐに反動が生じ、しかもその影響が大きくなってしまう。常に慎重に謙虚に客観的に状況を判断して行動しなければならない。そのようなトータルバランスをゴールまで維持することが勝つための秘訣である。ただし、ここでの〈勝つ〉とは己の目標を達成するということであり、他人との競争ではない。他人を意識すると、つい影響され安定したペースで走ることができなくなるからだ。

私の場合、事前のレース戦略で特に意識したのが行動計画表の作成だった。どのくらいのペースで進むのか、水や食料はどこでどのくらい入手するのかなど、事前に作成し表にまとめたものである。これは以前の走行データや試走の結果を踏まえて、かなり緻密で現実的なものに仕上げた。そしてレースではこの計画を忠実に実行したのだが、効果は予想以上に大きいものだった。不意の筋肉痛で大幅にペースダウンしたときなどは「目標達成はとうてい無理か……」と思い落ち込んだのだが、計画表を見てみるとまだ挽回できることがわかり、モチベーションを上げることができた。トップ争いをしているときも、先行しようとしている相手に翻弄されずに眠ることができた。とにかく、この行動計画表どおりに実践すれば目標を達成できるということだけを信じてマイペースに徹した。行動計画表はさながらコーチであり、監督であり、応援者でもあった。これがなければ冷静に行動するのは不可能だったかもしれない。

また、トレーニングとして重要なのは、3000m峰が連なる日本アルプスを実際に走ってみることである。身体的にも精神的にも低山とは異なるストレスがかかるのがわかると思う。特に部分的にコースの試走をして、レースで目標とするタイムを設定するのが望ましい。試走せずに自分の希望だけで目標設定してしまうと、それが崩れたときにモチベーションが下がってしまい、完走すら危ぶまれることもあると思うからだ。

装備に関しては、徹底した軽量化を図ることが重要となる。そのため、自分にとって必要最低限の装備は何かを見極める必要がある。最新の高機能商品から選ぶことは当然として、実際の試走では本当に問題がないかを検証しなくてはいけない。さもなくば生命にもかかわる問題となってしまう。

これからTJARをめざす人は、日本海から太平洋まで縦断する壮大なロマンに夢を感じてワクワクしてほしい。そして地図を開いてイメージを広げ、自分に必要なことは何かを考えて、今できることから実践し始めてほしい。特に登山経験がなによりも重要で、雨風の中での行動、ビバーク経験、ナビゲーション技術、ファーストエイド知識などは欠かすことができない。また、常に作戦を考える習慣を身につけ、問題が生じても自己解決する経験を積むようにしてほしい。

TJARは参加者一人一人が主催者という位置づけである。すべての責任は自分で負うことが基本となる。事故を起こしても誰も助けに来てくれないという心構えで臨む必要があると思う。

第3章

連載「TJAR2014　30人の勇者たち」から

TJAR2014 30人の勇者たち

14年から20年まで、山と溪谷社が運営していたウェブサイト「マウンテンスポーツネットワーク」。同サイトでは、14年、16年のTJARを完全密着取材し、レース終了後、TJAR2014に出場した全選手に取材し、記事にしたが、ここではその中から5人分を再掲載する。

取材・文=松田珠子

2014年大会ダイジェスト

1日目、8月10日

台風11号の接近により、本来なら馬場島登山口から劔岳を経て立山・一の越山荘に至るところを、スタート後、立山黒部アルペンルートの富山側玄関口である立山駅までロードを39㎞走り、そこから材木坂の登山道で美女平へ、さらにアルペンルート沿いのトレイルで天狗平、室堂を経て一の越山荘へ、というコースに変更された。

リスクの高い劔岳を回避することになったとはいえ、本来のコースとなる一の越山荘から先の稜線では、台風の影響をまともに受けることが予想された。スタート前のブリーフィングでは、実行委員会代表で選手マーシャルの飯島浩や、実行委員の一人で過去2回優勝している田中正人から、選手たちにレースの注意点が伝えられた。そのなかで最も懸念されたのはやはり、台風が接近するなかでの判断だった。「スゴ乗越小屋を越えたら、もう薬師峠まで行くしかない。留まるか進むか、慎重に判断してほしい」。飯島らはそう注意を促した。

8月10日深夜0時、富山湾・早月川河口。30人の精鋭が、太平洋をめざしスタートを切った。

スタート時は小雨。その後も降ったりやんだりの小康状態だったが、トップグループが立山・室堂を過ぎたあたりから、徐々に風雨が強まる。

一の越山荘をトップで通過したのは、大会2連覇中の望月将悟。

望月がスゴ乗越に着いたのは、10日の13時頃だった。風雨は思ったよりも強くない。体力も十分ある。望月は「行ける」と判断し、薬師峠をめざした。風雨は強さを増していくものの、薬師岳山頂までは順調だった。しかし山頂を越えると状況は一変した。薬師岳山

スタート前の開会式は、かつてないほど
盛大なものになった（写真＝杉村 航）

荘への下りの風雨の激しさは、想像を超えるものだった。

望月は、山頂から少し下りたところでツエルトを被ってうずくまり、少しでも風がおさまるのを待つが、ツエルトを引きちぎりそうなほどの雨風が、あらゆる方向から吹きつけた。山の経験が豊富な望月も、ここまでの状況は初めてだった。

後続の選手たちも同様の経験をする。横殴りの雨がまるで小石のように顔や体に打ち付ける。体を起こすと吹き飛ばされそうな強風に、岩をつかみ、四つん這いになりながら歩みを進めていた。

望月が薬師岳山荘に着いたのは16時過ぎ。望月は食事をとったり小屋の人と話しながら、外の様子をうかがっていた。スゴ乗越を通過した選手が無事なのかも気がかりだった。

望月から1時間ほど遅れて薬師岳山荘に着いたのは、前回大会2位の阪田啓一郎、および08・10年大会2位の紺野裕一、そして今回が3度目の出場となる石田賢生の3選手。その後、飴本義一、大西靖之、船橋智、松浦和弘、山本寛人が到着。

すでに外は行動不能といえる状態だった。ルール上、山小屋内での長時間の休憩、そして宿泊を含む夜間の利用は禁止されているが、選手兼実行委員の船橋が大会本部とやりとりし、スゴ乗越を通過した選手たちの到着を確認するまで、山

1日目、天狗平付近を行く町田は突風にあおられる。この時間、トップ選手たちは北アルプスの主稜線に入り込んでいた（写真＝杉村 航）

荘の中で待機するという異例の措置がとられた。

山荘に到着した選手は、仲間の無事を案じた。最後の10人目、大原倫が薬師岳山荘に到着したのは21時。大会本部でも全選手の安否確認に追われた初日となった。

後続の選手たちは、スゴ乗越小屋で14選手（朽見太朗、江口航平、佐幸直也、米田英昭、柏木寛之、仙波憲人、雨宮浩樹、阿部岳史、田中尚樹、西田由香里、飯島浩、千原昇、中村雅美、平井小夜子）、スゴ乗越小屋手前の樹林帯で湯川朋彦、雷鳥沢で3選手（笹岡誠、岩崎勉、福山智之）がビバーク。町田吉広と石川晃が一ノ越でリタイアを決めた。

2日目、8月11日

レース再開は選手の判断に任された。薬師岳山荘の10選手は、翌朝5時から行動を開始。大会実行委員会はこの後のすべての関門とフィニッシュの制限時刻を3時間延長することを発表した。

雷鳥平キャンプ場でビバークしていた笹岡は、腸脛靭帯の痛みがひかず早朝にリタイア。同じく雷鳥平でビバークしていた岩崎、福山は午前3時50分に行動を開始した。

台風11号は午前9時に北海道の西で温帯低気圧に変わったが、この日も選手たちは悪天候の中を進む。

トップグループは、望月、阪田、石田、紺野。台風の前日よりは天候が回復したとはいえ、稜線上は暴風雨。しかし、前日の強烈な風雨を体感した選手たちにとっては、この日の暴風雨は「そよ風」程度にしか感じなかったという。4選手は、槍ヶ岳から槍沢を下り、チェックポイント（CP）の上高地（124㎞地点）には18時半前に揃って到着。食堂のラストオーダーの時間だったため、CPでのチェック前に食堂へ向かい、食事をとった。

続いて船橋、飴本が上高地に到着。食堂の営業時間に間に合わず、CPでのチェック後、すぐに出発。ここで4選手に20分ほど先行することになる。

上高地から中央アルプスへは、アップダウンの続く約70㎞のロード区間となる。途中、危険区間のトンネルを経て、奈川渡ダム（146㎞）は21時過ぎに飴本がトップで通過、続いて船橋が続く。望月、阪田、石田、紺野の4選手は飴本から1時間ほど遅れて通過。奈川渡の集落で飴本が横になって休んでいる間に、トップが入れ替わった。

3日目、8月12日

3日目の12日へと日付が変わる頃、千原が体調不良によりリタイアを決意。黒部五郎岳からの下りでは足元もおぼつかず、転倒を繰り返したという。食事を摂ろうと地図上で近かった三俣山荘に入ったときには、判断能力が低下していると山小屋スタッフに判断され、診療所にて低体温症と診断された（体温はこのとき34℃）。

一方、関門が3時間延長されたことを知らなかった福山が、上高地の関門まで行動時間が足りないと判断し、双六小屋でリタイアを決意。同じく双六小屋にて、飯島が胃腸の不調でリタイア。岩崎は上高地の関門時間に間に合わず、失格となった。選手兼実行委員の湯川は、上高地を出発後、目の焦点が合わない症状が改善せず、沢渡でリタイアを決めた。リタイアした岩崎、飯島、福山は、低体温症の診断を受けた千原のサポートへ回った。

明け方から山に入った望月は、中央アルプスの主峰・木曽駒ヶ岳（2956m）、さらには岩稜帯の宝剣岳、檜尾岳、空木岳を縦走、後続を引き離し、独走態勢となるが、このあたりから初めて経験する幻覚、幻聴の症状に見舞われ始める。

4日目、8月13日

大会4日目、8月13日に日付が変わった深夜0時半、駒ヶ根高原から26kmのロード区間を経て、望月がデポジットの市野瀬CPに到着。ここで仮眠をとり、3時に出発した。

望月から2時間ほど遅れて阪田が市野瀬に到着（6時前に出発）。

この日、レースが始まって以来、初めて晴れ間が差した。南アルプスに入った望月は、仙丈ヶ岳からの景色を楽しみながら前へと歩みを進める。だが夜間に入ると再び雨。望月は20時前に三伏峠小屋に到着。仮眠後、23時頃行動を再開した。

20時過ぎに空木岳を通過した中村が、脚の痛みで、市野瀬の関門には間に合わないと判断、リタイアを決めた。またこの日の深夜に市野瀬に到着した山本は、4時間仮眠後、出発するが、低体温の症状が出たことと、残り3日あるところを2日と勘違いし、仙丈ヶ岳を通過後、リタイアを決意。両俣小屋に下山した。

5日目、8月14日

トップの望月は、早朝から荒川岳、赤石岳、聖岳と地の利のある3000m級の山々を縦走、15時に茶臼小屋、さらに横窪沢小屋、畑薙大吊橋とたどり、いよいよ最後の難関、85㎞のロード区間へ。井川出身の望月にとっては地元ということもあり、多くの声援を受けながら前進する。望月は22時に井川オートキャンプ場に到着、2時間ほど休憩。

大会5日目、デポジットのある市野瀬CP（244㎞）は15時に関門締切となり、21人が通過、南アルプスへと入った。

6日目、8月15日

日付が変わった深夜0時半、望月は行動を開始するが、井川ダムで2時間仮眠をとる。その後、アキレス腱、足裏の痛みに耐えながらゴールをめざす。富士見峠を6時頃に通過。静岡市の市街地では随所で地元の人たちからの声援を受けながら進む。望月が勤務する消防署では署員総出での見送り。静岡駅を正午頃に通過。ゴールの大浜海岸では数百人もの観衆に迎えられ、フィニッシュ！　5日と12時間57分で3連覇を果たした（10年は5日5時間22分、12年は5日間6時間24分）。2位の阪田は、荒川小屋に望月から5時間ほど遅れて到着。続いて鉛本、船橋と約2時間の差で続く。船橋の6時間ほどあとに紺野が続き、さらに3時間後、日付が変わって石田が続いた。

6日目20時、三伏峠小屋の関門に間に合わず平井がリタイア。江口は関門時刻に間に合ったが、自らの疲労度合と体力等を考慮し、リタイアを決断した。

7日目、8月16日

日付が変わり朝5時すぎ、今回が3度目の出場となる飴本が6日5時間6分で、2位でゴール。3位は選手マーシャルの船橋。記録は6日6時間54分だった。夕方16時をまわり、前回2位の阪田と、終盤のロードで阪田に追いついた石田が揃ってゴール（同着4位）。2人で海に飛び込んだ。

21時過ぎ、ともに前回も完走を果たしている松浦と大西が同着6位でゴール（6日21時間4分）。終盤のロードでは互いの存在が支えになったという。

15日20時に三伏峠を通過した阿部は、体調不良でビバークするも体調が戻らず、小河内岳付近でリタイアを決意。16日は小河内岳避難小屋に泊まり、17日朝、三伏峠まで戻って下山した。三伏峠を14番手で通過した田中が、茶臼小屋にてタイムオーバー。

8日目、8月17日

7番手で進んでいた朽見が、終盤のロードに苦しみながらも深夜2時半にゴール（8位）。午前7時、井川オートキャンプ場は関門締切時刻を迎え、西田、雨宮、佐幸、米田、仙波、柏木が夜間から朝にかけて通過したが、田中は間に合わず、失格となった。

15時をまわり、大浜海岸では9位で大原が涙のフィニッシュ。7日15時間18分だった。

南アルプスに入って以降、足の痛みで大幅にペースを落とした紺野は、ロードでは歩くのがやっとの状態ながら、歩みを止めず進み続け、19時20分に10位でゴール。レース中のさまざまな場面で役立ち「相棒になってくれた」というヘルメットに感謝の気持ちをこめて、自らよりも先に太平洋の海水につけた。

22時過ぎ、途中で左足大腿部の肉離れを起こしながらも我慢の走りを続けた西田がゴール(11位)。今大会女子選手のなかで唯一、また、間瀬ちがや、星野緑に続いて大会史上3人目の女性完走者となった。

続いて雨宮、そして米田も23時過ぎにそれぞれ12位、13位でゴール。夜遅くにもかかわらず、大浜海岸では多くの観客がゴールを祝福した。

この日、満身創痍ながら最後尾でレースを進めていた仙波が、ゴールの制限時間に間に合わないと判断し、富士見峠でリタイアを決めた。

日付が変わり、9日目の18日。深夜2時をまわって佐幸が14位、そして2時半、最終完走者となった柏木が15位でフィニッシュを果たした。

今大会は2日目以降も安定しない天気が続き、晴れたのは13日と最終日のみ(最終日も山間部は雨)。そんななか、15名の選手がゴールの大浜海岸に辿り着いた。実行委員長の飯島は次のように振り返る。

「大会の歴史上でも最も過酷なコンディションとなった。初日に10人の選手が台風の影響

雨宮は８日間以内で完走を果たした（写真＝宮崎英樹）

で薬師岳山荘内で一時待機となったが、ＴＪＡＲの理念は、すべて自己責任で自己完結するというもの。実際、スゴ乗越ではビバークも可能な状況だった。そもそも台風のなかの登山というありえないことをやっているわけだから、責任ある行動と判断とはどういうことなのか、冷静に考えてほしかった」

また、大会３日目の12日に低体温症と診断されリタイアした千原は、すでに自力では下山できない状態だった。何度も転倒を繰り返し、打撲を負った顔面は腫れ、ウェアも破れた状態だったという。すでにリタイアをしていた福山、岩崎、飯島がサポートに向かい、無事に下山したとはいえ、「（そんな状態になるまでレースを続けたことは）あってはならないこと」（飯島）であった。自然のなかでは不確実なことが起きる。刻一刻と状況が変わるなか、どのタイミングでどう判断し、どう行動するのか……。まずは全選手が無事に、事故なく終わったことで選手や関係者の間では安堵が広がったが、選手、運営側にも課題が投げかけられた大会となった。

今大会の開催について、台風の接近にあたり、大会を中止にしないのか、という問い合わせもあったという。飯島は言う。

「選手一人ひとり、スキルや経験は違う。装備も食料も異なる。またレースが始まれば、それぞれの選手がいる場所、状況も異なる。トップは暴風雨のなか、最後尾は灼熱のロードを走っているかもしれない。一律な判断などできないのです。自分が置かれたその場の状況で、自分で判断せざるをえない。ダメだと思ったら自分でレースをやめる。天候が悪ければ、スタートをしないという選択肢もある」

今大会は、悪天候の影響もあり、体調に異変をきたす選手が過去の大会と比べて多かったという。本部でレースの経過を見守った田中正人は振り返る。

「今回は、これまで大会でも最も、選手たちの限界を試されたレースだったと思う。限界を試されたなかで、限界をいかに超えないでレースが継続できるか。それが今回問われたのではないか」。己の限界に挑む……。多くの人にとってそれは未知の経験である。田中は言う。「限界を超えないギリギリのところで踏みとどまれるかどうか。それがどこなのか、経験したことがないとわからない。そこは最も難しいところですね」

30名の選手がそれぞれの思いを胸に挑んだＴＪＡＲが幕を閉じた。

望月将悟

5日間12時間57分、優勝

※3度目の出場

この究極の山岳レースにおいて、圧倒的な強さと存在感を見せている、TJAR3連覇中の望月将悟。静岡市消防局に勤務し、山岳救助隊員として県内南アルプス山域で活動する山のスペシャリストである。

数十キロの短めの距離から超長距離のレースまで、幅広いジャンルで強さを見せる。15年2月の東京マラソンでは、40ポンド（18・1kg）の荷物を背負ってのフルマラソンでギネス世界記録に挑戦、それまでの記録を大幅に更新する3時間6分16秒でギネス記録を樹立した。ことに〝規格外〟の挑戦で強さを発揮している。

TJARのコース上でもある南アルプス南端の山間地、井川地区（現・静岡市葵区井川）で生まれ、自然豊かな環境で里山を駆けまわって育った。実家は農家で、小学生の頃から家業の手伝いに駆り出された。山から茶葉や椎茸を詰めた重い竹カゴを担いでトラックまで運ぶのを何往復もするのは日常のことだった。そうした環境で足腰が鍛えられ、かけっこでは負けたことがなかった。中学校は自宅から10km離れたところにあり、通学バスもあったが、毎日走って帰っていたという。望月のルーツは井川にある。本人も「子どもの頃の生活が今の自分の土台になっている」と話す。

高校卒業後、静岡市消防局に入った頃は、アルプス級の山に登ったことはなかった。20歳の頃、上司に連れられて2泊3日で南アルプス（北岳〜茶臼岳）を縦走したのが、望月にとって初めての本格的な山行だった。

持ち前の脚力を買われ、99年からは国体の山岳競技の縦走（17kgの荷物を背負い、タイムレースで競う）に静岡県代表選手として7年連続で出場。今や国内屈指のトレイルランナーである鏑木毅、奥宮俊祐、後藤豊、松本大らとそこで競ってきた。

TJARへの挑戦

TJARを知ったのは08年。消防士になってからは静岡市街地に居を構える望月が、お盆休みに井川の実家に帰っていたとき、「ボロボロの姿で走る」（望月）紺野裕一を見かけた。望月は運転していた車を停め、声をかけた。ともにトレイルレースの入賞の常連であり、面識はあった。その時の印象は、今でも望月のなかではっきりと残っている。

「真っ黒に日焼けした顔と足。服は汗なのか雨なのかわからないけど濡れていた。ギラッとした目が印象的だった。声をかけたら、いつもの優しい笑顔で答えてくれました」

そのときまで望月は、TJARのことを知らなかった。自分が生まれ育った井川地区を通過する、しかも、日本アルプスを縦断するという壮大さに心惹かれた。

「この大会に出たい」。このとき、望月に新たな目標が加わった。

初出場の10年大会。「自分の中で、イケるんじゃないか、という自信があった。怖さはまったくなかった」と望月は振り返る。

「トレイルランレースの感覚で」、最初のロードから積極的に飛ばしていった。山岳エリアに入ってからも快調だったが、ハイスピードで入ったことが響き、剱岳、立山と越えていくうちに余裕がなくなっていた。五色ヶ原を過ぎると眠気に見舞われた。

「薬師岳あたりで体調がすぐれなくなって……。早々に潰れてしまった」

薬師岳を越え、ふと後ろを向いたときに、追いついてきた紺野と駒井研二の姿が見えたときには、一瞬、幻覚かと思ったという。

「TJARに出た選手から『幻覚が見える』という話を聞いたのが頭の隅にあった。後ろの山影に2人の姿が見えたときは、『あれは幻覚か？　幻覚であってほしい』と」

しかし幻覚ではなかった。ペースダウンした望月に、紺野、駒井が追いついた。そのまま先行されるのかと思ったが、予想外の言葉をかけられた。

「望月君、大丈夫？　飛ばしたねぇ」

「一緒に行こうよ。一人で行くより3人で行ったほうがいいよ」

望月は、次のように振り返る。

「『あれっ、これ、レースだよね？』と。そのとき、自分の中では限界まで飛ばしていて、追いつかれたときはショックも大きかった。新参者が無茶して潰れて、ハイお先に、と置いていかれるものだと思っていたのに、なんで優しく声をかけてくれるんだろうと」

そこからは3人で「和気あいあいと」進んだ。

「その後は、南アルプスまでずっと前後しながら。『自分は眠いので、10分寝ていきます』とか、『足を冷やしてから行くから先に進んでて』とか……。でもいつでも顔を合わせると最初に『望月君、大丈夫？』と気にかけてくれた。それまで自分が出ていた山岳レースやトレランレースと全然違った。ＴＪＡＲの選手ってすごいなと」

道中では、実行委員に専念していた田中正人の応援も力になった。

「自分との勝負はここからだ、という言葉をかけてもらった。このレースで優勝している人の言葉は力がある。前に進む力をもらいました」

初挑戦で大会最速記録での優勝

南アルプスからは、2人に先行した。レースであるからには、自分がどれだけできるか試してみたかった。

「紺野さん、駒井さんの強さも感じていたので、いつ来るかと怖かった」

足の痛みはあったが、5日5時間22分。大会最速記録での優勝だった。

「自分の中でこれほどまでに達成感があり、自信につながったことはなかった。もっと先をめざせるんじゃないか、次も出たいなと」「紺野さん、駒井さんには育ててもらったという思いがあります。優しさ、人を思いやれることが本当の強さなんだなと」

10年の経験は、その後の望月のトレイルレースのスタイルにも影響した。

「それまでどんなレースもガツガツ行って、周囲の人を気に掛けることはあまりなかった。でも自分が気に掛けてもらってすごく嬉しかったから、自分もそうしたいと思いました。余裕のある人間が進んで声をかける、周りに気をかける。それが強さでもあると教えてもらいましたね」

NHK取材が入った12年

2度目の出場となった12年はNHKの取材が入った。スタート後、馬場島までのロードでトップに立つと、その後、ゴールまで独走だった。

だが本人は「苦しいレースだった」と振り返る。前回優勝者として、最もカメラに追われる存在だった。

前回覇者として、さらには山岳救助隊としてのプライドがある。「レースを楽しみたい」と思っていたはずが、プレッシャーは予想以上に大きかった。周囲の連覇への期待に応えたい。記録更新という目標もある。「5日5時間を切る」と公言していたこともあり、レースを楽しむ余裕がなくなり、肉体のみならず精神面も追い込まれた。

南アルプスに入ってからも苦しい局面が続いていたが、三伏峠で仲間から「無事に帰ってくればいいから」と声をかけられ、気持ちを切り替えた。

記録は5日6時間24分。前回の自らの優勝タイムには惜しくも及ばなかったが、2位の阪田啓一郎に12時間以上の差をつけての2連覇だった。

台風で始まった14年大会

3連覇がかかった14年大会は、台風の接近により異例のコース変更で始まった。スタート後、立山駅までの39㎞のロードでトップに立つと、快調に歩みを進めていた。だが初日の午後には、経験豊かな望月にとっても「今までに経験したことがない」暴風雨に苦戦した。

望月がスゴ乗越に着いたのは13時頃。風雨はさほど強くなく、体力もまだ十分ある。望月は「行ける」と判断し、薬師峠をめざした。風雨は強さを増していくものの、薬師岳山頂までは順調だった。しかし山頂を越えると状況は一変。薬師岳山荘への下りの風雨の激しさは想像を超えるものだった。

「渦を巻くような風で、体を低くしないと進めない。ハイマツをつかまないと飛ばされてしまうような感じだった」

望月は、山頂から少し下りたところでツエルトを被ってうずくまり、少しでも風が収まるのを待つが、ツエルトを引きちぎりそうなほどの雨風が、あらゆる方向から吹きつけた。

薬師岳山荘に着いたのは16時過ぎ。温かい飲み物と少しの食事を摂り、進むかどうか考えていた。山荘の軒下で態勢を整え先に進むことを考えていたが、後続の選手が気になり、待つことにした。その後に到着した選手マーシャルの船橋智が大会本部とやりとりし、スゴ乗越を通過した全選手の到着を確認するまで、薬師岳山荘で待機するという異例の措置がとられた。後続の選手たちは、スゴ乗越小屋、雷鳥沢でそれぞれビバークしていたが、大会本部でも全選手の安否確認に追われた初日となった。

望月は言う。「全員が無事だったことがよかった。一人ひとりの選手、実行委員、山小屋、関わったすべての人の判断がよかったのだと僕は思います。薬師岳山荘のご主人は『無謀と挑戦は違うんだぞ』と言っていた。その言葉がすごく心に響きました。」

翌朝、レース再開。望月は、紺野、阪田、石田賢生とともに薬師岳山荘を出発、4人でトップグループを形成し、上高地で食事休憩。4人を追っていた飴本義一、船橋は食堂の営業時間に間に合わず、望月らが食事をしている間に、順位が入れ替わった。

6日切りをめざしていた飴本は、前の4人との差が変わらないことで、レースが膠着している、と感じていた。「前に出るのは気が進まなかったが、(停滞している)レースが動けばいいなとも思った」(飴本)。食事を終え、飴本らが先行したことがわかると、望月はギアチェンジ。それまで和気あいあいとしていた空気が一変した。「ここで望月さんにスイッチが入った」とは石田談だ。飴本の思惑どおり、レースは動いた。

当の望月は、どんな心境だったのか。

「ちょっとこのままじゃ……、みたいな気持ちはありました。でもここで飛ばしたら自分が潰れるんじゃないかなと不安もあった」

藪原駅の手前で2時間の仮眠。中央アルプスの登山口近くの旧木曽駒高原スキー場跡では、先行していた紺野に追いついた。

「そこで紺野さんと一緒になったのは大きかったですね。紺野さんがいると、安心感がある。つらいときも『望月さんならまだまだいけますよ』と言ってもらえると、本当にいける気がして、実際にペースを上げられたりする」

このときも、紺野のエールに背中を押された。そこからは完全に一人旅となった。

3連覇のゴール

中央アルプス以降は、幻覚、幻聴の症状が現われた。望月にとって初めての経験だった。

「天気もいつも悪くて、自分にとって中央アルプスは鬼門。不安もあって、弱さが出たのかもしれない」と振り返る。

TJARのレース中、望月の睡眠時間は平均で1日2時間ほど。選手の中でも圧倒的に少ない。あえて削っているというよりは、短い時間で目が覚めるのだという。

「どうしてもレースモードになってしまうと、なかなか眠れなかったり、眠れても眠りが浅い。もっとしっかり眠れれば、もう少し自分なりのレースを崩れないでやれるのかな。追われる意識というのは常にありましたね」

市野瀬では家族のサプライズ応援を受け、南アルプスへ。三伏峠を越えれば、職場の管轄でもあるいわば〝ホームグラウンド〟。「それまでとは風が変わるのを感じる」と望月。荒川岳、赤石岳、聖岳という3000m峰の稜線上では雨が続き、寒さは感じていたが、心は落ち着いていた。疲労が極限に達するなか、「みんな同じ体験をしている。ツラいのは自分だけじゃない」と自らに言い聞かせた。

そして畑薙第一ダムから最後のロードへ。地元の井川では、家族、親戚をはじめとする大応援団に迎えられた。

「やはり自分が生まれ育った場所に帰ってくるというのは、特別な思いがある。毎年、どんな顔をして帰っていこうか、どれだけびっくりさせようかなと、楽しみでもあります」

静岡市街地に入ると、さらに応援が増えた。勤務先の消防署の前では、横断幕の後ろに仲間たちが整列して迎えた。「笑顔で通過したが、涙がこぼれそうだった」。

そして大浜海岸へ……。100人以上はいるだろうという大勢のギャラリーが詰めかけ、拍手と大歓声のなか、望月は笑顔で砂浜を進み、3連覇のゴール。フラッグの下で「ありがとうございました」と頭を下げた。記録は5日12時間57分だった。

「TJARの〝応援力〟を感じた。こんなにたくさんの人に応援してもらっているとは夢にも思わなかった。嬉しくて嬉しくて、自分の体の痛みや越えてきた山々の厳しさ……。すべて吹き飛んだ。3回目を走ってよかった」

王者として追われる立場は苦しいが、一方で「だからこそ、やりがいがある」とも言う。

「この大会は自分への挑戦の場。自分ですべて判断し、持ち得るすべてを出して限界に挑む。選手どうしの勝負は精神的なプレッシャーになる。だからこそ、やりがいがあって、挑戦する価値があると思います」

飴本義一

6日5時間6分、2位　※3回目の出場

40歳から走り始めた。09年、43歳のときに日本山岳耐久レース（ハセツネCUP）で8時間44分47秒（18位）、雁坂峠越え秩父応援143km走では09～11年と3連覇するなど、年齢を感じさせない強さを見せる飴本義一。TJARには08年、12年、14年の3度出場。14年大会は6日5時間6分、自身最高位の2位でゴールした。

出身は広島県だ。子どものころから体を動かすことが好きだった。中学は水泳部、高校はバドミントン部に所属。関西の大学に入学後はサイクリング部に入り、長期休みを利用して数週間のツーリングに出かけるようになった。

「自転車を担いで山に登るメンバーがいて、影響を受けて自分も山に登るようになりました。登山を本格的にやるのではなく、サイクリングついでにちょっと登ってみる、という感じでした」

沖縄以外の日本全国を自転車で旅をした。関西からフェリー、または輪行で日本海側の電車に乗り、北海道にも行った。自転車を担いで富士山に登頂し、山頂でビバークしたこともある（※現在は環境省により自転車等の乗り入れは規制されている）。

「サイクリング仲間4人で登りました。メンバーの一人が山に詳しくて、計画や装備の選

択などは言われるままに。登ることと自体は特に苦労はなかった」。山頂で日の出までビバークして剣ヶ峰に向かう予定だったが、ひどい頭痛に見舞われ、下山した。

「少し高度を下げたら治ったので、高所に対応できていなかったんだと思います。朦朧としながら見下ろした山中湖がきれいだったのと、見たことがない高度感に感動しました。下りは、山頂直下以外は自転車に乗って下りました。登山道ではなくジグザグの作業道でコケまくり、パンクしまくりでした」

この頃の登山、ビバーク経験は、現在の飴本の土台となっている。

体重が80kgになり、走り始めた

社会人になってからも関西に住んでいたが、30歳の頃、上京した。

「旅行は好きだったので、自転車がオートバイになり車になり……。自転車はだんだん乗らなくなりました」

運動不足もあり、昔やっていたバドミントンを始めようと思い立つ。ところが……。

「始めたとたん、練習でアキレス腱を切ってしまった。けっこうショックで、走るのが怖くなりました。もう『一歩たりとも走らない』みたいな生活。走れば電車に間に合うところも、怖くて走らなかった」

そんな生活を続けているうちに、気づけば体重がかなり増加していた。

「40歳の頃、体重が80kgくらいまでいきました」

06年頃、飴本は一念発起して、ランニングに取り組み始めた。

「ちょうど第1回東京マラソンの開催が決まって、それにエントリーしたい、と走り始めました。結局東京マラソンは抽選で外れたんですけど。別のマラソンにエントリーして、練習しないといけない状況になって、それから（ランニングが）習慣になりました」

体重は走り始めて2カ月で10kg減少した。数カ月後の初マラソンでは4時間11分。

「完走できればいいと思っていたし、気持ちよく走れて大満足でした。それで調子に乗って、また何かのレースに出ようと」

次戦は、アップダウンの厳しさで知られる八ヶ岳野辺山高原ウルトラマラソン（07年5月）。いきなりの100kmだ。

「そのときはえらい目に遭いました（苦笑）。キロ6分だったら10時間で走れるなと思っていたけど、全然甘くなかった。制限時間の10分くらい前にぎりぎりゴールしました」

苦しかったが、同時に「旅」のような長い距離のレースの楽しさも感じた。その後、同年10月の日本山岳耐久レース（ハセツネCUP）にエントリーした。

「『耐久』とか『24時間』とかのキーワードで検索して見つけて、トレイルランって何だ？という感じでしたけど、自分に合っているんじゃないかなと。初ハセツネは、舞い上がって、周りにつられて最初から突っ込んで、第1関門手前で早々に走れなくなって、座り込んで休みました」

それでも11時間50分で完走した。そのうちにTJARの存在を知った。

「いちばん長いレースは何だろう、と探していて、TJARを知りました。これも自分に合っているだろうと。いつか出てみたいな、と思ったけど、08年大会に出たいとまでは思わなかった」

興味を持ったものの、当時は情報も少なくエントリーの方法もわからなかった。

08年4月、飴本はTTR(東京トレイルラン)のコースを走る仲間内のイベントに参加。現在はTJAR実行委員メンバーでもある湯川朋彦も来ており、そこで初めて「TJARの詳しい情報を聞き出すことができた」(飴本)。湯川から教えてもらった参加条件の中に「100kmのウルトラマラソンで10時間以内」という規定もあった。当時、飴本のウルトラマラソンの経験は、「制限時間(14時間)ぎりぎり」で完走した前年の野辺山のみ。ちょうど1カ月後に控えた08年の野辺山にもエントリーしていた。

「今年の野辺山で選考基準の記録を出せたらエントリーしてみようかなと」

翌月、「10時間以内」を目標に挑んだ野辺山ウルトラマラソンで、飴本は前年の記録を4時間以上更新する9時間半でゴール。TJARの参加条件もクリアし、08年大会へのエントリーを決めた。

アルプス未経験でTJARエントリー

学生時代の自転車旅で登山やビバークの経験はある。だが日本アルプスの山々には行ったことがなかった。

「まったくアルプスに行ったことがない状態でエントリーしました。実行委員の岩瀬さんからも心配されていたと思います（苦笑）。選考会の前の週に中央アルプスに行きました」

それが飴本にとって初めてのアルプスだった。当時の選考会Aのコースを日帰りで縦走。

「景色がよく、すごく気持ちよくて感動しました。ただ岩場が多くて残雪も怖くて、疲れきってしまって『これくらいでいいや』と途中で下山しました」

翌週の選考会は、無事コースを踏破。結果は合格。出場が決まってからは北アルプス、さらには本戦の1週間前に市野瀬から地蔵尾根を試走した。

そして挑んだ08年大会は、6日14時間34分で4位。優勝は田中正人、2位紺野裕一、3位駒井研二。錚々たる顔触れの中での好成績だった。ランニングを始めてまだ2年足らず、アルプスの経験も浅いなか、ポテンシャルの高さを示した。

「何もわかっていなかったですね。天気はほどほどに良く、ケガもなかった。トラブルらしいトラブルはなかったし、運がよかったんだと思います。ずっと、間瀬（ちがや）さん、飯島（浩）さん、田中陽希君と4人で前後しながら進んだので、安心感もあった。憧れだった間瀬さんの近くを走れて、楽しかったです（笑）。気がついたら南アルプスを抜けていた。完走できるかわからなかったけど、とりあえず次の場所をめざしているうちにゴールまで行けたという感じでした」

「次は6日以内に完走したい」と、飴本は10年大会をめざすことを決めた。

08年大会後も、トレイルラン、ウルトラマラソン等、多くのレースに出場した。

09年9月の雁坂峠越え秩父往還143km走では優勝、同年の日本山岳耐久レースでは9時間切り（8時間44分）など、みるみる力を伸ばした。「走り始めて2、3年は、前年の記録が参考にならなかった」と飴本。地元・丹沢を中心に、山にも多く足を運んだ。

だが、10年大会、飴本は書類選考で不合格になってしまう。

「08年に完走できたから大丈夫だろうと油断していたのもありますけど、10年大会から選考方法もガラっと変わって、その変化にうまく対応できなかった」

ショックだったが、気持ちを切り替えた。

NHKの取材が入った12年大会は選考会をクリアし、2度目の出場権を手にした。本戦は、6日23時間43分で8位。安定した好成績ともとれるが、飴本本人にとっては不本意な結果だった。

「10年の反動で、選考会を通ったことで満足してしまって、本戦まで準備をちゃんとせずに臨んでしまった。初日で体力を使ってしまった。南アルプスに入ってからはアキレス腱を痛めて、全然体が動かなかった。なんとか7日以内にはゴールしたい、と最後のロードもかなり無理したので、ゴール後はまったく歩けない状態でした」

完走の代償は大きかった。この後、アキレス腱が損傷していることがわかり、右脚はギプスで固められ、しばらくは走ることどころか、自由に歩くこともできない日々となった。

飴本の超人ぶりを示すエピソードがある。ギプスで固定して33日後、体重をかけての歩行がOKとなったことで、飴本はエントリーしていた10月のハセツネに強行出場。最後尾からスタートし、21時間かけて完歩した。

14年大会に向けては、08年に完走して以来、目標としていた「6日以内」を果たすべく、「過去2大会にないくらいの準備」をした。

「12年大会前は選考会でしかアルプスに行っていなかった。14年大会前は、毎週のようにアルプスに行って、スピードハイク。ロードもペースを上げることを意識しました」

金曜日の仕事後、準備をして終電でアルプスに近いところまで行く。そこからロードを走って山に入り、日曜の午後に下山して帰ってくるというのが、週末のスケジュールだった。ロードも強化した。本戦前の月間走行距離は700kmに及んだ。

「過去にないくらいの準備」をして臨んだ14年大会

そして挑んだ14年大会――。

特に印象に残るのは「初日のスゴ乗越と、5人の選手で薬師岳を越えたこと」と飴本は振り返る。行動をともにしていたのは、船橋智、松浦和弘、山本寛人、大西靖之だ。

特に薬師岳からは「想像を超えた状況だった」と飴本。風に何度もあおられ、前かがみの姿勢で前進した。飴本が風にあおられてよろめいた瞬間、後ろにいた船橋が「危ない！」と、とっさに飴本に抱きついてしゃがんだ場面もあったという。前後していた選手の安全を互いに確認しながら進み、無事に薬師岳山荘に到着した。薬師岳山荘で一時待機となり、目標としていた6日切りは厳しくなったと飴本は感じていた。レースが再開した2日目は、望月、紺野、阪田、石田が先行。飴本は船橋、松浦らとともに、第二陣で再スタートを切った。

行く先々で応援者たちから、トップグループとの差を知らされた。だが、意外にもその差は開かないまま進んでいた。前のグループの4人がペースを合わせて進んでいるようだった。そのまま最後まで行くことはないだろうと思いながら、レースが膠着状態であることに、なんとなくもやもやした感覚があった。その後、先行していた望月らは上高地の食堂で食事。飴本と船橋は、食堂の営業時間に間に合わなかったため、先行するかたちになった。飴本は、一時的にトップに立った。

立山室堂へ向かう飴本。足取りは軽い（写真＝杉村 航）

「GPSトラッキングで選手の動向が（公開されていて）わかるじゃないですか。前に出るのは目立つので気が進まなかったんですけど（笑）、それがきっかけでレースが動けばいいなという思いもありました。みんながペースを上げれば、あきらめていた6日以内も見えてくるかもしれない。そこで集中して、自分は自分のレースをしようと切り替えました」

実際、飴本らが先行したことがきっかけで「望月のスイッチが入った」と阪田らも証言している。

2日目から3日目へと日付が変わる頃、飴本、船橋は、奈川の集落で睡眠をとった。

「阪田さんたちが話しながら通り過ぎて行ったのがわかった。あの笑い声は阪田さんだ、と思いながら寝ていました（笑）」

そこで4時間以上寝たことで、3日目の12日も順調に進んだ。

「そのあたりは12年の記憶を重ねながら。中央アルプスは一気に登って岩場が多くて疲れて、下りも長くて毎回やられるんですけど……。船橋君と前後しながら行きました」

日没とともに眠気でペースを落としながらも、下山。駒ヶ根市街では「行き倒れるように仮眠」（飴本）。ここで「寝すぎた」と振り返るが、調子が戻り、南アルプスに入ってからも快調に進んでいた。

南アルプスでは、先行していた2番手の阪田との差を応援者たちから知らされた。

「3、4時間の差で変わらないままだった。阪田さんが後ろの状況をどのくらい把握しているかわからなかったけど、阪田さんは僕がロードが強いと思ってくれている。そのまま（差が開かない状態で）ロードに入れば、阪田さんにはプレッシャーになるはずだと思って、頑張りました（笑）」

疲労も極限に達するなかで、飴本は勝負の駆け引きも楽しんでいた。一方の阪田は、すでに疲労困憊だった。阪田が茶臼岳で6時間仮眠をとっている間に、飴本は2位に浮上した。だが、飴本の好調も長くは続かなかった。

「南アルプスを下山するところで『6日以内で行けるかもしれない』と欲が出て、休憩を削って無理して進んでしまった。結果的にそこで無理をしたことで最後に潰れてしまって、寝ないと進めない状態になった。僕の場合はちゃんと寝ないとダメみたいです」

それでも2位を死守し、6日5時間6分でゴール。早朝にも関わらず、大浜海岸には多くの応援者が待っていた。

「やれることはやったなと……。完走できて嬉しい気持ちと、6日間切れなかったなぁ、と思いながらのゴールでした」

1週間という長い行程の間には、好不調の波がある。いろいろなことを考える時間がある。飴本は、12年、14年大会ともに、レース中、自分のゴールシーンを想像して感動、泣きながら走っていた、というエピソードがある。

「ゴールする自分を想像することで頑張る、というのはありました。まだゴールしていないのに、先に感動して泣いてしまう（笑）。イメージするほうがずっと感動的だったりします。実際にゴールしたときは、ホッとする、安堵する、というほうが大きいですね」

14年大会は、3度目の完走ができた安堵感と、6日切りが達成できなかった悔しさが入り混じったゴールとなった。ゴール後は、自転車でコースを逆走し、後続の選手の応援に回った。

いつかまた挑戦したい

ＴＪＡＲの魅力について、飴本は次のように話す。

「このレースはいろいろな要素が詰まっている。長いので、調子の浮き沈みもあるし、そんな自分の姿がさらけ出される。走るのが速いとか山の経験が豊富とか、人によって得意な部分は違う。自分の得意な分野、総合力でどれだけやれるか勝負できるのがおもしろい。それぞれカラーが違う人たちが同じように太平洋をめざして移動していく……。それが楽しいですね」

16年5月に50歳を迎えた。年齢を感じさせない強さはどこからくるのだろうか。

「なんでしょうね……。やることをやれば、それなりに走れるんじゃないかと。年齢とともに疲れが取れにくくなってきたのは感じる。ただ、疲れが取れるのを待っていると、トレーニングの間隔が開きすぎて効果が落ちてしまう。そこは試行錯誤しながら……」

飴本も参加しているトレイルラン愛好者のコミュニティ「丹沢ＴＲ」(丹沢トレイルランナーズ)のメンバーで、ＴＪＡＲ戦士の松浦和弘から見た飴本は……。

「自身のコンディションをいつでも客観的に把握している。限界を超えて大崩れすることはなく、毎回１００％の力を出し切ることができる。山での動作はとにかく無駄な動きが少なく、天性のものを感じる。〝高性能機械〟〝天才〟という印象」

さらに「飴本さんは、斬新でワクワクするようなチャレンジを考案する能力にも長けている」と松浦。

飴本自身は「特別なことは何もやっていない」と謙遜するが、例を挙げると「ハセツネコースをぐるっと一周。目標はとりあえず50周（レースを含めてこれまで23周達成）」、「個人的サポートなし100マイルチャレンジ（11年4月、16年5月達成）」、「大井川源流ぐるり（笊ヶ岳から反時計回りに聖平まで回り、椹島経由で笊ヶ岳で一周ぐるり、4日間）（13年完走）」等々。

これらも、飴本にとってはあくまで「自分が楽しめるちょっとしたチャレンジ」に過ぎない。ハードなことに挑んでいるにもかかわらず、不思議とストイックさを感じさせないのは、「やりたくてやっている」という前提があるからなのだろう。

今後も、フルマラソン、ウルトラマラソン、トレイルラン等、その年ごとにメインの目標を据えて取り組んでいきたい、と飴本は話す。

「100マイルとか長い距離であれば、うまく走れば上位に入ることもできると思う。昨年11月、（丹沢TRメンバーでTJAR14年大会に出場した）山本寛人さんに誘われてOMM JAPANに出たら、すごく楽しかった。今年も頑張りたいなと。今年のメインレースは10回目のハセツネです。目標は、50歳でサブ9。私が初めて9時間を切ったのは09年。そのとき、50代で9時間を切った人がいて、50歳でも9時間が切れるんだと」

TJARへの挑戦は一区切りのつもりだ。

「30人しか出られないTJARで、自分は3回完走できた。いろいろな人に挑戦してもらいたいし、それを見てみたい」というのが大きな理由だ。

だが、もう二度と出ない、と決めたわけではない。

「おもしろいレースなので、チャンスがあったらまた出たいと思っています。6日間切り？　その時にならないとわからないですね。次に出るときは、完走がぎりぎりの状態になっているかもしれないし……」

その言葉を額面どおりに受け止める人はいないだろう。50代に入った飴本が、どのようなパフォーマンスを見せてくれるのか。TJARの舞台でまたその姿が見られる夏が、今から楽しみだ。

飴《あめ》本《もと》義《よし》一《かず》

1966年生まれ、神奈川県在住。06年、40歳のときに体重が80kgを超えたのを機に走り始める。08年の野辺山ウルトラマラソンではサブ10（10時間切り）。雁坂峠越え秩父往還143km走では09～11年3連覇等。UTMFは12年12位（23時間48分38秒）、分水嶺トレイル13年、15年チーム優勝。フルマラソン2時間38分18秒（10年福岡）、日本山岳耐久レースは9回完走（8時間台2回、9時間台4回）、KOUMI100は15年3位（25時間40分44秒）（以上、当時）

※現在は「近所のランニングとスケートボード」を楽しむ。21年5月「自分が楽しめるちょっとしたチャレンジ」（本人談）で「鶴見川ぐるり」（93km）を走破。

石田賢生

6日間16時間47分、4位

※3度目の出場

「おかえり〜！」「おかえりなさい！」

駆けつけた応援者たちの声が次々に飛び、拍手が沸き起こった。笑顔で大浜海岸に姿を見せた2選手は、手を取り合ってゴールし、握手をかわした。砂浜にザックを下ろすと、並んで海岸に向かって歩き始め、あと少しで波打ち際、というところまで来ると、「ヨーイ、ドン」とでも声がかかったかのように、息の合ったダッシュで、揃って海に飛び込んだ。

10年、12年と2大会続けて途中リタイア、3度目の挑戦で悲願の完走をめざした石田賢生と、12年は望月将悟に続く2位でゴールした阪田啓一郎。仲が良いことで知られるこの2人が一緒にゴールした場面は、14年大会のハイライトシーンの一つであった。

バイク旅での出会いがきっかけで……

石田は、静岡県伊東市の自然豊かな環境で生まれ育ち、「遊ぶのは山の中」という子ども時代を過ごした。中学、高校時代は帰宅部で「運動やマラソンは、どちらかというと嫌いだった」。体を動かしていなかったわけではない。高校時代は、自宅から学校まで、山道を歩いて通学していた。

「家から学校に行くのに、本当はバスと電車を使うんですけど、親からもらった定期代を使うのがもったいなくて(笑)。家の近くの山を越えれば、歩いて40~50分で行ける。登山道というか、ほとんど人も通らないけもの道でしたね」

高校卒業後は、お金をかけない国内旅行が趣味となり、青春18きっぷでの電車旅やバイクツーリングを楽しんだ。大型二輪免許も取得し、250ccのバイクに乗ることもあったが、旅先へは原付バイクで行くのが好きだったという。

「大きいバイクで楽に行くよりは、原付みたいな小さいバイクで行くほうが楽しい。条件を厳しくするほうがおもしろい、というのはありました」

そんな石田が走り始めたのは、偶然の出会いがきっかけだった。06年のゴールデンウイーク、九州一周ツーリングをしていたとき、佐賀県の嬉野温泉で、同じくバイクツーリングが趣味だった三重県在住の阪田と野宿した場所が一緒になり、意気投合したのだ。もう一人、そこで知り合った静岡県在住の浜中誠氏と、「嬉野で3人が出会った」ことが、後の、チーム「嬉野すり~☆」結成につながった。

その頃ランニングを始めていた阪田は、07年の富士登山競走に、三島在住だった浜中氏を誘い、初めて出場した。結果、阪田は完走したが、浜中氏は時間内完走できず。その日、レースに出た2人と石田は三島で落ち合った。石田は振り返る。

「完走できなかった浜中君が、このレースは本当に厳しい、こんなに過酷なレースはない、とすごく言っていて。そんなに言うなら来年出てみようかなと」

「そこがちょっとおかしい（笑）」とは阪田評だが、厳しい、難しい、と言われたら、ちょっとやってみたい、という気になるのが、石田の性分なのだろう。

だが、それまでランニングの経験がなかった。登山も同様だ。「生まれも育ちも静岡だけど、試走で行くまで富士山に登ったことがなかった」と石田は言う。

さっそく、1年後の富士登山競走に向けて走り始めたが、「最初は3km走っただけで筋肉痛になった」。それでも、続けていくうちに徐々に長い距離が走れるようになっていった。

そして翌08年の富士登山競走、石田は3時間56分で完走。阪田、そして前年に完走できなかった浜中氏も完走を果たした。「きつかったけど、おもしろかった」と石田は振り返る。

この後、チーム「嬉野すり～☆」として、各地のトレイルレースに参加するようになった。09年には日本山岳耐久レースでチーム戦3位入賞も果たした。

TJARの存在を知ったのは、当時、山と溪谷社が発行していた『アドベンチャースポーツマガジン』に載っていた08年大会の記事がきっかけだった。

「すごいレースだなと。このレースはないわと（笑）、さすがに思いました」

だが、このレースに阪田が興味を持った。「〇〇やってみない？」と話を持ってくるのは、決まって阪田だ。阪田は石田について「絶対に、ノーって言わない。断ってくれたら俺もやめるのに（笑）」と話すが、当の石田は「阪田君が持ってくる話がいつもおもしろそうなので、乗っちゃいます（笑）」。

かくして、石田のＴＪＡＲへの挑戦も、阪田の提案がきっかけとなった。

「『次はＴＪＡＲかな』みたいな話を阪田君が言い出して。じゃあ、おれも出る、と(笑)。当時、富士山のほかは、トレランレースでしか山に行ったことがなかった。山を全然知らない状態。勢いだけでＴＪＡＲをめざした感じでしたね」

「勢いでめざした」ＴＪＡＲ

09年夏、石田は阪田と、当時の選考会Ａのコース(駒ヶ根高原・菅の台から駒ヶ岳、宝剣岳、檜尾岳から木曽殿山荘を経由して空木岳のピークを踏み、菅の台バス停に下る、距離42・1㎞)をやってみようと、中央アルプスに向かった。

バイク旅をしていた経験から、地図を読むのは抵抗がなかったが、山の地図はほとんど見たことがなかった。

「トレランレースのマップは見ていたけど、『山と高原地図』を買って山に行ったのは初めてでした。ほとんど勘で(笑)。天気も荒れていて……。結局、道に迷いました」

コースをロストしながらも、なんとか稜線に戻り宝剣岳に登った。悪天候のなか、これも練習だと前向きに捉え、前進し、熊沢岳の山頂で日没を迎えた。

そこで石田は大きなミスに気づく。

「そろそろライトをつけようか、とザックを降ろしたら、ライトが入っていなかった。車に忘れてきて……」

愕然としたが、日はもう沈んでしまっている。そこからはライトを持っていた阪田の後ろにつき、携帯電話の光で足元を照らしながらなんとか進んだ。

「絶対にやっちゃいけないパターン（苦笑）。雷もすごかった。天候も荒れていて時間もかかって、戻ったのは朝だったと思います。もう、ボコボコにされた感じでした」

初アルプスで厳しい洗礼を受けたことで、「しっかり考えないとまずい」と、気を引き締めた。一方で、これはおもしろい、というワクワクした気持ちも大きかった。

「もちろん天気が良いほうがいいけど、そのときはもう、天気のことは考えていなかったですね。こんなところでレースをやるんだ、と。山に行くこと自体がおもしろかった」

翌週には南アルプスへ。翌年、TJARイヤーの10年にも、何度もアルプスに足を運んだ。「選考会対策」として、駒ヶ根高原から市野瀬までロードを走り、地蔵尾根から仙丈ヶ岳へ登り、両俣小屋でビバークしてからもう一度仙丈ヶ岳へ登り返し、下山して仙流荘までのコースの試走も行なった。そうして臨んだ選考会は、阪田が筆記試験で落選。10年大会には石田だけが出場することになった。

初挑戦のTJAR、「高地肺水腫」に……

本戦のスタート後、序盤から調子が上がらず、北アルプスの終盤には、息切れや頭痛、咳の症状に見舞われた。

応援のため上高地に来ていた阪田は、石田の顔がパンパンにむくんでいることに驚いた

と言う。「ガチャピンのような顔になっていて(笑)。上高地なんてまだ前半なのに、大丈夫かなと思いましたね」(阪田)

むくみ、頭痛、咳に加え、悪寒もあった。

「風邪なのかなと。上高地で寒くて寝て、麓に下りて一度は回復したけど、中央アルプスでまた体調が悪くなって。痰が出て、そこに血が混じっていた。山を下りる頃には痰が真っ赤になっていて……。なんでそうなるのかわからなくて怖かったです。咳のし過ぎなのかなと思ったり……」

それでも、再び下山しロード(舗装路)を進んでいるうちに体調は回復した。市野瀬まで進み、南アルプス・仙丈ヶ岳まで登ると、そこで動けなくなった。

「ほんの数歩、歩いただけで、全力で走ったように苦しくて。ちょうど台風が接近していて暴風雨だった。仙丈小屋から先、しばらくリタイアポイントがないので、やめるならここだなと。でも決心がなかなかつかなくて……。仙丈小屋のご主人からも『やめたほうがいい』と説得されました」

石田はリタイアを決め、大会本部に連絡をした。初挑戦のＴＪＡＲは仙丈小屋でリタイアとなった。

話には続きがある。下山後、北沢峠からバスで仙流荘に向かった。

「バスの乗客が僕だけだったんです。運転手の人に話しかけられて『レースで体調が悪くてリタイアした』と話したら、『病院に連絡してあげるよ』と。仙流荘に着いたら、(バス会社の）事務所の人が『病院まで送ってあげるよ』と……」

軽トラに乗せてもらい、近くの病院へ。医師の診察の前に、看護師が血中酸素濃度を測定すると、「急に周囲がざわめき始めた」（石田）。

ベッドが用意され促されるままに横になると、手際よく酸素マスクを装着され「大きい病院に搬送しますね」と告げられた。石田は、救急車で伊那中央病院に搬送された。

「自分では全然気づかなかったけど、『高地肺水腫』になっていた。血中酸素濃度も低かったらしくて。酸素マスクをつけたまま、3日間入院しました」

高地肺水腫とは、重篤な高山病の一種で、生命に危険が及ぶ可能性もあるという。痰に血が混じるのは、高地肺水腫の特徴的な症状だった。

だが、石田本人には、そこまで重篤な症状に陥っているという自覚はなかった。

「山の上では苦しかったけど、標高が下がるとラクになって、山小屋からの道も走って下っていたくらい。病院も、バスの運転手さんに言われて『じゃあ』という感じだった。自分でもびっくりしました」

この後、上高地から静岡に向かっていた阪田が、連絡を受け、病院に駆けつけた。

「面会の時間を過ぎていて中に入れてもらえなくて。30分くらい、病院の入口で交渉しました（笑）。病室に行ったら石田さんがレースウェアのままベッドに寝ていて。コンビニで下着とか買って届けました」（阪田）

石田は、救急車の中で医師からこう言われていた。

「高山病になりやすい体質かもしれないね。もうこの競技、やめたほうがいいよ」

だが、当の石田はやめることはまったく考えなかった。それどころか「入院中も、次のレース（12年大会）のことを考えていました」

2度目のTJAR

自分が高山病になりやすいことを自覚したのは、11年夏、TJARの練習で、阪田とミラージュランドをスタートし、北アルプスを通して縦走していたときだ。

「けっこうハイスピードで登ったら、早月尾根の途中で高山病みたいにフラフラになって動けなくなって。やっぱり（高地に）弱いんだ、と……」

12年大会に向けては、高地順応のため、毎週のようにアルプスや富士山に足を運んだ。

「富士山の五合目で車中泊したり、山に行ってテン場で寝たり……。自分なりに高山病対策を考えていろいろやりました」

そして12年大会、無事に選考会をクリアした阪田とともに、TJARのスタート地点に立った。序盤は、阪田、小野雅弘とともに第2グループを形成、順調にレースを進めていた。上高地を越え、奈川渡ダムあたりから阪田たちが先行。石田はひどくなってきた咳が気になっていたが、調子は悪くなかった。中央アルプスも越え、南アルプスへ。12年にリタイアを決めた仙丈小屋を無事通過。「ご主人の宮下さんに元気な姿を見せることができてよかった」と石田。しかし、荒川岳を過ぎて、痰に血が混じっていることに気づいた。いちばん見たくないものだった。

「やっぱりか……」

絶望的な思いが頭を駆け巡った。だが、あきらめたくない……。石田は、チェックポイントを通過すればどんなルートを通ってもよいというルールを鑑み、一度下山することを考えついた。

「荒川岳から赤石岳を通って一度下山して、椹島(標高1120m)で1日寝て休もうと。完走までは時間があったので、回復してからまた上がれば、完走できるかなと」

実行委員に連絡を入れるも、「一度下りてまた登ったときの再発の可能性をよく考えてほしい」と難色を示された。実は、スタート前のブリーフィングで、主催の岩瀬幹生が、選手たちに「前回は無理して入院した人がいる。くれぐれも無理しないように」と話していた。石田は釘を刺されたかたちだ。

「荒川岳から先に進むと、しばらくリタイアポイントがない。どうするか……」

12年大会は、NHKのテレビ取材も入っていた。このリタイアを考えている間も、カメラは回っていた。無理は許されない。石田はリタイアを決めた。

2大会続けての無念のリタイアとなったが、石田の気持ちは、次大会に向いていた。

翌13年夏には、阪田とともに、TJARの全コース試走に挑んだ。

「8日間以内を目標に、ゆっくりめのペースだったので重い高山病にはなりませんでした。上高地から中央アルプスに向かう途中、疲労で潰れて一人になって。寝たら復活して、宝剣山荘で阪田くんに追いついて、ゴールまで一緒でした」

記録は7日16時間。「やっと太平洋までつながった！」という思いとともに、14年大会への手ごたえを掴んだ。あとは本戦で、どこまでペースを上げられるか……。

14年に入り、石田は「根拠に基づいて高山病対策を考えたい」と都内の低酸素トレーニングができる施設で「高所テスト」を受けた。結果は「肺年齢52歳」という判定だった。

「スタッフの人から、呼吸筋を鍛えるといい、とアドバイスを受けて。それからはストローに綿棒を入れて吹いたり、『パワーブリーズ』（空気を吸う際に負荷がかかる特殊な器具）を毎日くわえるようにしました」

さらには、血中酸素濃度が自宅でも測定できるパルスオキシメーターを購入、普段から山に行くときに持っていき、「今どういう状態か」を把握するようにした。それによってわかったことがある。

「登っているときは、血中酸素はあまり下がらないんです。ピークから下るときに、意識して呼吸をしないせいか、血中酸素がすごく下がる。登りは頑張るから自然に呼吸ができるけど、下りでもしっかり呼吸する、というのを意識するようにしました」

血中酸素濃度が下がったときに、意識的に呼吸をすると、数値が上がった。繰り返すうちに「血中酸素が下がっているというのが、感覚でわかってきた」と石田は言う。

「高山病っぽくなってきた、と思ったら意識して呼吸することで、悪化せずにすむこともありました」

パワーブリーズの数値（レベル）が上昇し、呼吸筋が鍛えられていることも実感できた。

3度目の正直

14年大会は、台風の影響で序盤のコースが変更され、ロードの距離が延びた。

「もう最初から『うわっ』と思いましたね。ロードはあまり好きじゃないので」

序盤から望月が単独首位に立ち、石田は阪田、紺野裕一と第2グループで進んでいた。立山駅から室堂へとつなぐ木道、「だらだらとした登り」も苦痛だった。一ノ越から先は、暴風雨の中を進んだ。

「稜線上は、雨がエアガンのようにバチバチ当たって痛かった。それでもまだ、体験したことがあるレベルの暴風雨でした」

薬師岳山頂に到着し、一息つくも、「本当の暴風雨」（石田）はそこからだった。

「こんな風があるか、というくらいの……。一方向から、風が常にマックスで来る。強くなったり弱くなったりではなく、『ボーン』と爆風の中を進むので、体が飛ばされるんです。風で飛ばされた、というのは初めての経験でした」

強風を凌ごうと、地面に膝と両手をつき四つん這いで踏ん張っても、吹き付ける爆風で体が転がされたという。

阪田はストックを2本とも飛ばされ、紺野はザックにつけていた銀マットとエマージェンシーシートが飛ばされた。石田は何も飛ばされなかったが、「このまま進んだら身ぐるみ剥がされるんじゃないか……」と感じた。そのうち「スキージャンプのように、中腰の態勢で風の方向に進めば下れる」とコツを掴み、やっとの思いで薬師岳山荘に到着した。

「薬師の山頂で17時半くらいだったので、18時までに小屋に着いてご飯を食べよう、と話していた。小屋に着いたら17時58分で、すぐに（食事を）注文しました（笑）」

小屋では先行していた望月が待機していた。この後、全員の無事が確認できるまで小屋で待機という特別措置が取られた。

翌朝、「普通の暴風雨」（石田）に収まったところで行動再開。石田は望月、阪田、紺野とともに槍ヶ岳まで進み、上高地をめざした。

それまで、「上高地に着いたら生姜焼きを食べよう」などど、和気あいあいの雰囲気だった。上高地の小梨平で食事後、4人が食べている間に飴本義一と船橋智が先行したことを知った。「上高地事件（笑）」と石田は振り返る。

「けっこう大事件でした。あそこで望月さんは完全にスイッチが入った。阪田くんも気合が入って。自分も、まずは飴本さんたちに追いつこうと、相当無理しましたね」

実は、先行しているはずの飴本と船橋は、ほどなくして休息をとっており、早々に抜き返していた。「このときに無茶したことが、後半に響いた」（石田）

中央アルプスからはペースを落とし、高山病が出ないように気をつけながら進んだ。南アルプスに入ると、膝の痛みに見舞われた。

「一時は痛みで完全に曲がらない状態。南の前半は足を引きずって歩いていました」

痛みに耐えながら進むうちに、いつの間にか、動くようになっていた。

「南アルプスもけっこう暴風雨で、雨が冷たかったので、アイシング効果があったのか、痛いは痛いんですけど、曲がるようになりました」

茶臼小屋に着いたときは「ここまで来たら高山病の心配はない」と、完走への手ごたえを感じた。

そして畑薙第一ダムからのロード。睡眠不足、疲労、下山したことによる安堵感も手伝ったのか、「眠りながら」進んでいた。何度もガードレールにぶつかり、それでもまた眠りながら、歩みを続けた。チェックポイントの井川オートキャンプ場を過ぎ、夜明けを迎えると、調子が上向きになった。

「そこまでボロボロだったけど、急に走れそうな感じになった。山の上で若干、苦しかったのと、膝の痛みでペースを落としていたので、余力があったのかなと」

富士見峠で足裏のマメの処理を施すと、その後はゴールまで「ほぼ走った」(石田)。そして、静岡市内のスポーツショップ・アラジンの前で、阪田に追いついた。

どちらかが「一緒に行こう」と言ったわけではない。自然と「いつものような感じで」並んで走り出した。

「先に行っていいよ、とは言われなかった(笑)。やっと来たか、当然一緒に行くよな、みたいな感じでした」

2人で大浜海岸へ……。

ゴールでは大応援団が、手作りのボードを用意して待っていた。

「やっと、ここまで来られた、と。それまでは、ゴールしたら相当感動するんじゃないかと思っていた。実際には、ホッとした気持ちのほうが大きかったですね」

そして今、気持ちは4度目のTJARに向いている。

「完走できてやり切った感はあるけど、台風の影響で剱岳を回避したり、薬師岳山荘での待機もあった。フルでやっていない、という感覚があるので、ちゃんとフルのコースで完走したいですね」

年末年始には、阪田との恒例企画となっている「NTT（名古屋to東京）」（370㎞）を踏破。これもTJARのためという位置づけが大きい。

呼吸筋を鍛えるトレーニングも継続している。

「実は、TJARが終わって報告会の前にも（都内の低酸素トレーニングができる施設で）測定してもらったら、肺年齢が60歳台に上がっていました（苦笑）。吸い込む力、肺活量は上がったけど、吐き出す力がまだ弱いらしくて。バランスも重要だと言われました。毎朝、吸うのも吹くのも続けているけど、今は、吹くほうを強化しています」

TJARのための努力は惜しまない。それだけの価値を感じているからだ。TJARについて、石田は「こんなにおもしろいレースはない」と言う。

「ここまでワクワクするレースは、他にないんですよね。TJARは、まず出られるかわからない。出られたとしても何が起こるかわからないし、完走できるかもわからない……。そういう難しさがおもしろいし、楽しいですね」

石田《いしだ》賢生《けんせい》

1976年生まれ。静岡県出身・在住。中学・高校時代は帰宅部。高校卒業後はバイク旅に熱中。06年、佐賀県嬉野温泉で阪田啓一郎らと出会ったことで「嬉野すり～☆」を結成。富士登山競走を皮切りに、各地のトレイルレースに出場するようになる。TJARは10年、12年、14年の3大会連続出場（10、12年はリタイア）。以上当時。

※16年大会では5日14時間49分（4位）。5度目の出場となった18年は直前のケガや体調不良で中盤から失速、それでも7日10時間15分（10位）で3度目の完走を果たした。

大原倫

7日15時間18分、9位　※初出場

「あのときの状況は、僕がいちばん語らなければならない立場にあると思う」

TJAR14年大会に初挑戦し、完走した大原倫は言う。

14年大会を語る上で、台風直撃となった初日、特に薬師岳直下の暴風雨は外せない。薬師岳山荘まで進んだトップの10選手は、山荘で一時待機の措置が取られた。その10人目の選手が、大原だった。山荘に着いたのは21時。雨、霧、闇、そして風速40m以上の風が吹き荒れる標高3000mの稜線を、単独で進んだ。

「あの体験は特別でした。もう二度とあの体験をすることはないと思うし、してはならないと思っています」

大阪に住んでいた中学、高校時代は野球一筋。高校2年からはピッチャーとして活躍した。大学・大学院時代はスポーツから離れ、勉学に打ち込んだ。「政治や経済、貧困問題とか国際問題に興味があった」。アメリカとイギリスに3年間の留学も経験した。

25歳で就職。社会人になって数年が経った頃、気づけば体重がかなり増加、「メタボ（体型）」になっていた。

「学生時代の友人の結婚式に行く機会が増えて、そのたびに『誰？』とか『ありえない！』とか散々たる言葉をかけられて……。それがつらくて、ダイエットを始めたんです」

08年、28歳の頃だ。「まず手始めに、当時ブームだったビリーズブートキャンプを始めたものの、初日でいきなり腰を痛めて脱落してしまいました（笑）」。リハビリのために腰に負担のかからない水泳を始め、腰が回復してからはランニングも開始した。

「子どもの頃から、一度心に決めてやり出すと、とにかく何でも極端な性格」と大原。我流ながら、ひたすら体を動かしたことで、わずか3カ月で22kgもの減量に成功した。

ちょうどその頃、学生時代の先輩から富士登山に誘われた。

「登山なんて自分がやるものだと思っていなかった。変わった趣味の人もいるんだな、と思っていたくらい」

「まあ、日本人だし、富士山には一度くらいは登っておいてもいいかな」という軽い気持ちだったが「ダイエット効果もあってサクサク登れて、きれいな景色や山の開放感が気持ちよく、想像していたよりずっと楽しかった」。

富士山に誘ってくれた先輩がトレイルランをやっていたことから、次は高尾山でトレイルランデビューも果たした。

「こんなに楽しいスポーツがあるのか……」。大原はトレイルランに一気に引き込まれた。以来、毎週のように高尾山のほか、鎌倉、丹沢、箱根など関東の低山を中心に足を運び、さまざまなレースにも出場するようになった。

「もっといろいろな山に行ってみたい」と、09年の夏、初めてのアルプスへ。

「いわゆるベタなパターンですが（笑）、上高地から穂高、槍ヶ岳に、一人で行きました。とにかく山のスケールが大きく、景色が素晴らしくて、高い山はいいなと。今思えば、そのときは小屋泊で荷物もハイキング程度で、地図や天候の読み方など、登山の基本や高山で大切なことを全然わかっていなかったですけど」

憧れから目標の舞台へ

TJARの存在は、トレイルランを始めて間もない頃、山と溪谷社が当時発行していた『アドベンチャースポーツマガジン』の08年大会の記事を見て知った。「こんなにすごいのもあるんだ」というのが当時の印象だ。

TJARへの興味を強くするきっかけとなったのは、望月将悟との出会いだった。10年6月、大原は、望月らトップトレイルランナーが契約する「チームスポルティバ」が主催するセミナーに参加。「将悟さんをはじめ、スポルティバの選手たちが、とにかく強くてかっこいいなと憧れて」、同年、トレイルラン仲間とアマチュアトレイルランニングチーム「すぽるちば」を立ち上げた。「悪乗りでほとんど無理やりの押しつけ気味でしたが（笑）」、チームの監督を望月が引き受けたことで、その後交流が深まった。

10年8月、望月はTJARに初出場し、大会新記録で優勝。大原はその年の報告会にも参加。そこで耳にした選手の言葉はどれも強烈に印象的だったが、当時は目標というより、漠然とした憧れの気持ちのほうが強かった。

ＴＪＡＲへの挑戦を決意したのは12年。望月を追いかけ、同年夏のトルデジアンを完走し、それまで少しずつ高まってきた想いを秘めつつ、大会後の報告会に参加したときだ。

「あらためて、完走した人もリタイアした人も、それに懸ける想いがもの凄いなと。あとは、レースでありながら『皆で何か大切なものを共有している』という熱さ、人間としてのロマン、生き様……。そういったものが自分の琴線にビリビリ触れて、まるで必然のように心を鷲掴みにされ、引き込まれました。そして、自分にとって大きかったのは将悟さんの存在です。今でも、そしてこれからもずっと遥か雲の上の存在ですけど、叶うものなら憧れの舞台に一緒に立ってみたい。僕のＴＪＡＲに対する憧れは、将悟さんに対する憧れとイコールと言っても過言ではないです」

大原にとって、いつか出てみたい、と憧れの存在だったＴＪＡＲが、「絶対に出る」と明確な目標に変わった。

12年以降は、毎週のようにアルプスへ

12年までは、「まずは山岳を長距離走るための脚力・持久力を高めたい」と、さまざまなタイプのトレイルレースに参加した。ハセツネ、ＵＴＭＦ、ＵＴＭＢ、トルデジアン……。いずれも完走している。

ＴＪＡＲを見据えた12年以降は「レースに出るのはピタリとやめて」、高山での生活力・適応力を身に着けるべく、ひたすらアルプスに通った。

「12年～13年は毎週のようにアルプスに行きました。天気がよくても悪くても……」

主なパターンはこうだ。金曜日、仕事を終えたら着替えてその足で新宿駅へ。コインロッカーに荷物を預けて、高速バスでアルプスに直行。帰りは、「日曜の夕方のバスに乗って、その日のうちに帰京できたら一度家に帰る」が、富山からなどでは月曜朝に到着するバスしかなかったため、早朝に新宿へ到着したらコインロッカーで荷物を取り出し、そのまま出勤、ということも珍しくなかった。

「さすがに大きな台風が来たときは、１日やり過ごすことはあったけど、大雨とか強い風雨くらいでは練習だと思って突っ込んでいく、というのはよくやりました。もちろん、安全第一が大前提ですが」

風雨の中でのビバークに慣れていなかった頃、南アルプスの北岳で風速25ｍくらいの風とバケツをひっくりかえしたような雨の中、ツエルトでビバークを経験。最初はとにかく技術も経験も足りず、シェルターの中にいるにも関わらず全身ずぶ濡れになり、寒さでなかなか眠れずにつらかった。だが、それも「何度か経験するうちに装備品の性能や自分の身体の適応能力を把握できるようになり、次第に感覚的に上手く対処するコツを掴んで慣れてきました」

仕事で忙しい平日は通勤時間をトレーニングに活用した。当時、自宅から駅まで、さらに駅から会社まではそれぞれ2㎞の距離があった。

「往復だと8㎞。そこを、あえて走るのではなく全力で歩く、という練習をしていました。全力で2㎞も歩くと脹脛や腿がパンパンになって攣りそうになるんです。どうすれば速く持続的に長距離を歩けるようになるのか、いつも考えて試行錯誤しながら効率的な方法を探求しました。TJARはロード区間だけで半分近い200㎞以上ある。個人差はあるけど、おそらくその半分近くは歩く。意外と忘れられがちですが、走るだけでなく、歩くスピードはとても重要なんです」

努力、工夫を重ね、14年大会の選考会に合格し、抽選も通過。10年から憧れ、目標としていた舞台への切符を手にした。

単独で暴風の薬師岳越え

憧れの舞台に立った14年大会、最大の山場は初日に訪れた。

台風の影響で風速40mを超える暴風雨となり、スゴ乗越から先に進んだ選手たちは「薬師岳山荘で一時待機」という異例の措置がとられた。

スゴ乗越を通過した最後の10人目が大原だった。

一ノ越を過ぎてから、「風速30mはある」と確信するほどの暴風雨が続いていた。五色ヶ原からは西田由香里と行動した。スゴ乗越に着いたのは17時頃。西田、少し遅れて到着した雨宮浩樹、佐幸直也は、スゴ乗越でのビバークを決めた。

大原は迷っていた。スゴ乗越のテント場は、大雨の影響で〝水没〟していた。外はまだ明るい。この先のコースは熟知している。風雨は激しいが、過去に暴風雨のなかでの山行経験もある。スピードは落ちるだろうが、安全に進める自信はある……。大原は、進むことを決めた。「ヨシッ」と自分に気合を入れ、「完全防備態勢」で出発した。

北薬師岳に向かうガレ場で日没を迎えた。昼間とは比較にならない風が吹き始めていた。不安もよぎるが、戻ることはできないのは承知の上だった。高度感のある狭い道が続くが、逆に道に迷う心配はない。強風にあおられながらも、ここまではあくまで想定の範囲内、姿勢を低くする、ハイマツを握りしめるなど対処し、薬師岳をめざした。

薬師岳の先は一転、想定を超えた状況だった。バチバチと叩きつける雨粒が、雨粒とは思えなかった。

「無数のＢＢ弾銃でめった打ちにされているような感じでした。目に当たったら失明すると思ったので、キャップを目深に被って足元だけを見て進みました。ただでさえ、だだっ広い山頂で、１ｍ先も見えない状況の中、とにかく誤った方向に歩いて行かないことだけに全神経を集中させせました」

暴風に体が転がされるたび、方向を見失った。

「いくつもの方向からバーンという風が来る。飛ばされないように踏ん張ると、瞬時に違う方向から風が来て、結局飛ばされる。飛ばされると方向がわからなくなるので、コンパスで大まかな方位だけを確認して。あとは人が歩いた踏み跡、地面の硬さだけを頼りに。

道から外れると、足裏の感覚で『あ、違う』とわかる。時々手で触って確認して、これは正しい方向に行っている、と……。まるで目隠しをされてグルグル回されながら下山している感じだった」

台風の中を進むというのはどういうことになるのか、自身の経験からも覚悟はしていた。だが、想像以上の風の威力に翻弄された。「とにかく風が特殊すぎた」と大原。「SF映画だとか、宇宙空間に出たかのようだった」「津波とか竜巻に巻き込まれるってこんな感じなのかなと」「高波にのまれて、ゴボゴボッとなって方向を見失う感じ」。実際に体験しなければ本当にその状況を理解することはできないだろうが、大原の言葉から、尋常ではない世界がそこにあったことは伺える。現実世界での出来事ではないようなことが、そこでは実際に起きていた。

自分の判断を信じながら、前に進むうち、前方に明かりが見えた。21時、薬師岳山荘に到着。小屋の明かりだと思ったのは、阪田啓一郎のヘッドライトだった。大原を心配し、様子を見に小屋の外に出ていたのだ。とっくに先に進んでいると思っていた阪田がそこにいたことに、大原は驚いた。そして阪田から、レースが一時中断になっていること、他の選手が全員小屋の中にいることを告げられた。

「小屋の扉を開けたら、みんながいて『わー、来たぞ！』みたいな感じで、状況をすぐに把握できなかった。(その時間に)山荘に入ったら失格になるので進むつもりでしたし、中断しているとは思いもしなかった」

山荘にて一時待機という異例の措置の末、レースは翌朝再開された。

「南アルプスに入ってからがTJAR

あらためて、このときのことを振り返り、大原は次のように話す。

「そもそも、台風が来るという状況の中スタートして、そういう状況で山に行くのはどういうことなのか、みんなわかっている。それぞれが積んできた経験の中で対処している。自分は今まで、夜間のアルプス、雨や風の中の練習もしてきた。あのときの薬師岳山頂ほどではないけど、風速30mくらいまでは経験したことがある。無謀な挑戦ではない、自己責任で対処できる、と覚悟を決めて出発した。決して軽い気持ちで行ったわけではない。結果的に言うと、あの状況では行かないのが正解だったかもしれないけど、あの時は、あの状況の中で、自分の判断に自信を持って行きました」

2日目以降も、風雨が続いた。「9割方、雨。とにかく雨ばかりだった」と大原。悪天候が続いただけに、4日目の晴れ間は「楽しかった」記憶として強く残っている。

「前日までの天気がうそのように晴れて、気持ちがよかった。クッチー(朽見太朗)と一緒になって、『本来のアルプスってこうだよね』と話しながら」

気分も上がり絶好調だったが、好天は長くは続かず。市野瀬のデポジットで5日目へと日付が変わり、南アルプスへ入る頃にまた雨。レース後半に入り、苦しい局面が続いた。

「やっぱり南（アルプス）に入ってからが、TJARだなと……」

そう大原は振り返る。疲労が蓄積し、ペースは上がらなくなった。5日目、その日のうちに三伏峠まで行くことをめざしていたが、塩見岳をめざす道すがら、「集中力とペースが落ちて」ビバークを決める。それまでは、長くても4、5時間のビバークで進んできたが、ここで9時間もの睡眠をとった。

「霧が出て道がわからなくなって、同じところを行ったり来たり。効率が下がり、行動の継続には危険も感じたので、やむなくシェルターを張りました。9時間熟睡してハッと気づいたら朝6時。すっかり陽も上がって、携帯のアラームにも気づかなかった（笑）」

翌6日目は、塩見岳、荒川岳、赤石岳を越え、早々と百間洞山の家でビバーク。ここでは寒さで寝られず、実質的な睡眠時間は4時間ほどだったが、滞在時間は12時間に及んだ。

「今回、全選手の中でいちばん睡眠時間が長かったんじゃないかと。あとから計算してみたら、ビバーク合計時間は8日間で53時間。平均して7時間くらい休んでいました。普段、仕事をしている平日よりずっと寝ていたかも（笑）。もう少し睡眠を削ればもっと早く進めたのかもしれないけど、それは結果論で、その時は目一杯でしたし、後半、これだけ寝たから、体力も回復して最後まで持ったと思います」

普段から「寝つきの早さ、眠りの深さだけには自信がある」と大原。どんな環境でも寝られるのは、大きな強みだろう。

さらに驚かされるのは、大原の胃の強さだ。

「南アルプスでは、仙丈小屋、三伏峠小屋、荒川小屋、聖平小屋でそれぞれカレーの大盛りを2杯食べました。その間に百間洞でカレーうどんも食べていますね（笑）。胃は昔から頑丈で、今まで、長距離のレース中に食べ物を受けつけなくなったとか胃がおかしくなったとかはまったくないです。食べて寝たら必ず回復する。雨で体温の維持が難しい中、南アの終盤でしっかり動けたのは、しっかり食べてたくさん寝たからだと思う」

長い行程では幾度となく調子の波がある。多くの選手にとって最大の試練となるのが畑薙ダムからのロード。南アルプスを下山するまでは好調だった大原も、「畑薙に下りて、ホッとして気が抜けてしまったのか、急に走れなくなった。『畑薙は中間地点』とさえ言う選手がいたことが、そのとき初めて理解できた気がしました」。

「マメとかはできなかったですけど、むくみで足が水風船みたいにパンパンになって……。歩くと、水風船が破裂しそうな感覚もあり、踏み込むと剣山を踏みつけているようで痛い。通勤の練習でパワーウォークには自信があったんですけど、全然ペースが上がらない。ペースが上がらないから眠気も来て……。山を下りてから、補給食で細々とつないでいたので、カロリーも足りていなかったかなと。ここにきて幻覚も見るようになって、富士見峠までの延々と続く緩い登り坂は地獄でした」

雨に打たれ続けたこともあるのだろう。寒さに強いはずが、標高の低いところにいるにもかかわらず、レインウェアなどを着込んでも猛烈な寒さを感じていた。身体に異変をきたしているのは明らかだった。

富士見峠までは苦戦が続いたが、以降は主に下り坂となる。

「峠までの登りは自分の意思で踏み込まないと進めなかった。足の痛みは変わらなかったけど、下りは重力にまかせて着地していけば自分の意思とは無関係に進める。めちゃくちゃ痛いけど、そのうち麻痺して痛みに慣れてくる。それで下りは飛ばせました」

市街地が近づき、自販機が増えカロリーが摂取できると、再び体は動くようになった。

「TJARは長いので、途中ですごく浮き沈みがあるんです。富士見峠からだんだん動けるようになって『完走できる』と確信しました。そのあたりから応援に駆け付けてくれる人も増えてきて、すごく力をもらえました。やはり応援の力ってすごいなと」

「明るいうちにゴールしたかった」という言葉どおり、17日、15時をまわって大浜海岸へ。歓声に迎えられる中、笑顔で何度も頭を下げた。最後は一歩一歩噛みしめるように進み、ゴール。フィニッシュゲートで天を仰ぎ、膝から砂の地面に崩れ落ち、男泣き。すぐに涙を拭くと、波打ち際に向かい、長い行程をともにしたビブスを太平洋の水に浸した。大原の長い旅が終わった。

仕事と山の〝両立〟〝文武両道〟をめざし……

「(スタート前は)あわよくば7日を切りたかった」と大原。それでも、最大の目標であった「完走」を果たせたことで、初出場としての自己評価は「100点」だという。

「自分にとって初めて尽くしのＴＪＡＲ。台風の影響もあって、過去の大会とは少し異なる様相の大会だったと思いますけど、完走できたことには満足しています。14年に出るまで、仕事が忙しくても、体がしんどくても、家が荒れまくっても（笑）、とにかく山に行くと決めて毎週通った。自分がやってきたことを、何かの形で示したかった。もう一つ、抽選で落ちた中には自分より実力のある尊敬する仲間が多数いた。抽選会では、自分の名前が呼ばれて泣いてしまったけど、仲間の落選でも泣いてしまった。自分は絶対に簡単にリタイアするわけにはいかない。限られた出場枠を獲得した選手の責務というもの、そこに相当の執着があった」

14年大会後、意識はすぐに16年大会に向いた。だが、この2年は、環境の変化もあり、取り組み方は大きく変わった。

「大会直後に転職して、仕事柄（※現在は外資系コンサルティングファームに勤務）、勉強しなくてはならないことが増えて、週末を全部山に使うことができなくなった。山に行ける時間は減ってしまったけど、仕事を理由に山ができなくなったというのは自分に負けたようで悔しい。練習の質、時間の使い方を今まで以上に考えながら試行錯誤しています。

14年大会で、あの台風を経験したことは、大原にとって山に臨む意識をあらためて考えるきっかけにもなった。

「今後も大会は続いていく。ＴＪＡＲは登山の基本に基づくことが最も重要な競技である一方で、悪天候の中や夜間の長時間の行動など、ある意味登山の基本から外れて行動せざるを得ないという背反する二面性も併せ持っている。14年、台風の中、ただ、行かないほうがよかった、というだけではなくて、あの状況の中で、各自がどのように考え、どういう行動をとるべきか。状況は毎回異なるし、決まった解答はないけれど、経験値もまた少し上がりましたし、もう一度しっかり考える必要があるなと」

TJARへの思いを語る口ぶりは熱い。

「このレースは、中途半端な経験や想いで臨む人は誰ひとりとしていない。レースではあるけれども、30人が1つのチームで団体行動をしていると思っています。みんな、何があっても安全に行動してくれるというお互いへの信頼感でレースを進めている。そう感じるレースは他にはそうそうない。連帯感、信頼感、仲間意識を感じながら共に進めるというのが、TJARの最大の魅力だと思います」

大原《おおはら》倫《さとし》

1979年生まれ。神奈川県在住。08年にトレイルランと出会い、さまざまなレースに参加。UTMB（100マイル）（11年8月）完走。UTMFは12年に完走。トルデジアン（330㎞）（12年9月）完走。以上当時。

※16年大会では6日8時間46分（9位）で完走。18年はエントリーするも抽選で落選。19年GWには新藤衛らが主催の草レース「KLTR」（約400㎞）完走。

西田由香里

7日22時間12分　11位　※初出場

3名が出場した女子選手のうち、唯一完走を果たした西田由香里。社会人になってから山を舞台にしたさまざまなスポーツに競技志向で取り組んできた。アスリート、主婦、母、薬剤師……何足ものわらじを履くスーパーウーマンだ。

山に囲まれた長野県松本市で生まれ育った。小・中学時代はバスケットボールに熱中。高校時代は陸上部で走り高跳び、400mハードルに取り組んだ。「負けず嫌いな」スポーツ少女だった。東京の薬科大学時代は、スポーツとは無縁の生活。卒業後、薬剤師として一度は東京で就職したものの、父の体調不良をきっかけに実家の松本に戻った。地元のドラッグストアに勤める傍ら、友人の影響でスノーボードにのめりこみ、競技会に出場するまでに。そうしたなかで、山岳会に所属する〝山屋〟でもあり、山岳スキーやクライミング、マウンテンバイク（MTB）などオールラウンドに山を楽しむご主人・渉さんと出会い、活動の幅はさらに広がる。冬はテレマークスキー、夏はMTB。MTBではアマチュア選手が対象の「スポーツクラス」で優勝も経験した。

「エンデューロ（出場していたのはチームのリレー形式のレース）が楽しくてはまりました。スポーツクラスでは優勝もしたけど、（五輪選手も出場する）エリートクラスでは全然ダメでしたね」

28歳で結婚し、安曇野市に居を構えてからも、ＭＴＢライダーとして各地の山に足を運んだ。そして31歳で女の子を出産。

「娘が生まれたので、遠出しなくてもいいスポーツを」とランニングを始めた。トレイルレースに出るようになったのは08年からだ。

「初めて出たのが、08年夏、ＯＳＪ志賀野反トレイルレースの15㎞。当日は雨だったんです。これ、本当にレース開催するの？というくらいのどしゃ降りで……。でも、楽しかった（笑）。完走してみたら3位で、自分に向いているかも、と。基礎体力はＭＴＢで鍛えられたかな。当時、娘は2歳。雨のなか、母が抱っこしてくれていました」

その後、めきめきと力をつけたのは、トレーニングの賜物だろう。

「娘が小さい頃は、娘と主人が寝ているうちに、走ったり山に行ったりしていました」

安曇野の自宅からも見える常念岳、蝶ヶ岳の登山口までは車で30分ほど。驚くべきは、この標高３０００ｍ近い山々を、まだ夜の明ける前から登り、往復して朝食前に帰ってくるということだ。

「3時にスタートするために、1時半に起きて、家を2時半に出発していました」

基本は単独行。ヘッドライトをつけて、登山口から登り始める。女性が一人で、真っ暗な山道を行くのは怖くないのだろうか。

「動物は基本的に逃げていく。何も見えないからけっこう平気ですよ。慣れなのかな」

そんな西田も最初から単独行に慣れていたわけではない。出産前のように夫婦で山に行くことが難しくなり、どうしたら山に行けるか考えた末のトレーニングスタイルだ。

「一人で山に行けるようになりたかったから、努力しました」

長野市にある山岳ショップ「信州トレイルマウンテン（通称：信州トレマン）」のイベントでも鍛えられた。10年TJARの完走者でもある店長の奥野博士さんは、地元の山を拠点にした地図読みレースやツアーなどを数多く行なっていた。西田は単独行に自信をつけるため、トレマン主催のイベントやツアーに積極的に参加した。

「自宅からはちょっと遠かったんですけど、娘を預けて……。いろいろなツアーに参加したことが自信につながりましたね。トレマン様様です」

TJARへの挑戦

トレイルレースに参戦して5年目、12年の第1回UTMF（ウルトラトレイル・マウントフジ）100マイルでは日本人女子2位で女子総合4位入賞、同年の日本山岳耐久レース（ハセツネCUP）では3位入賞。翌13年は海外レースにも初挑戦。スイス アイアントレイル（201㎞）に出場し、2位入賞を果たした。「長い距離のレースが好き」（西田）というだけあり、特にロングレースで強さを発揮している。

「TJARを知ったのは、10年大会からですかね。スキー仲間の志村 郷さんが出て、ギリギリ完走したんです。すごく体力のある人なので、志村さんでもそんなにつらいなんて、すごいレースだなと。私には絶対無理だと、その時は思いました」

当時はトレイルランに取り組み始めて、まだ年数も浅かった。だがレースで実績を重ね、距離を延ばしていくうち、現実的な目標としてTJARが見えてきた。

「トレランを始めて、だんだん距離を延ばしていったら、行き着く先がTJARだった(笑)。ここまで来たら通らないといけない〝登竜門〟なのかなと」

100マイルを完走した後、200km(スイスアイアントレイル)に出場したのは、TJARへの挑戦を見据え、距離の不安をなくすためだった。しかし……。

「200kmを完走して、TJARもいけるかも、と思ったけど、まったく別モノだった」と西田。「このレースは、衣食住が入るじゃないですか。装備を削って寒い思いをしたり、女性ならではの困ることや不快なことも多い……。もろもろ、難しいなぁと」。

山は好きだけど、このレースは自分には向いていないかもしれない……。そんな思いを抱えながらも、「一度は完走しなければ」と、義務感のような気持ちで、西田はTJARへの挑戦を決めた。

TJAR本戦に向けては、「参加要件を満たすだけでも良い練習だった」と西田。

「仲間や家族でテント泊、というのは経験あるんですけど、一人でビバークはしたことがなかった。参加要件のなかでは、ビバークだけが足りなかったので、一人で中央アルプス、近くの燕岳とか、長いコースをとってビバーク練習したのが、すごくトレーニングになりました。最高で2ビバークですね。立山から槍、蝶ヶ岳を経由して帰ったり……。3ビバークはやらなかった。あと悪天候のなかの練習もやらなかったです。小雨や寒かった経験はありますけど、悪天候のときは山に行きたくなかった（笑）」

TJARはロードの比重も大きい。本戦前には、月間走行距離は600kmにも及んだ。

「毎日10km走るのが基本で、週に1、2回は20～30km走るようにしていました」

家事、子育て、仕事の合間を縫って練習時間を確保していった。

前年に出場したスイス アイアントレイルは、出産後、初めての海外遠征だった。TJARの制限時間は8日間。スイス遠征以上に家を空けなければならない。この年、娘は小学校2年生。家族や周囲の反対はなかったのだろうか。

「それはやっぱりありました。スイスに1週間行った次の年だったので、『また？』みたいな……。でも選考会も通って抽選も当たって、家族も反対できなくなった感じで（笑）。主人のお母さんやうちの母にも協力してもらって……。感謝しています」

不調が続いたTJAR本戦

台風の接近に伴い、初日から荒れ模様となった。スタートして立山駅までちょうど5時間、山本寛人とほぼ同時に10番手で通過した。

一ノ越からの稜線に出ると、風雨は激しくなっていた。途中、突風で飛ばされそうになりながら五色ヶ原に到着。このまま単独で進むのは危険と感じ、後続を待った。追いつい

てきた大原 倫とともに、スゴ乗越小屋まで進んだ。大原は前進を決めたが、西田は「吹きっさらしの薬師岳は危ない」と判断し、スゴ乗越でビバークを決めた。

台風の影響により、大会本部による特別措置もあった。そのなかで、西田はいい位置につけて快調にレースを進めているように思われた。しかし、序盤から体の調子は思わしくなかったという。

「全然、調子が出なくて。ずっときつかった」

そう西田は振り返る。不調の要因の一つとなったのが、TJAR完走の重要な要素ともなる「睡眠」だった。

「あまり寝られず、1時間寝て目が覚めて、もう2時間寝て……、という感じでした」

疲労が溜まっていくなかでは、普段当たり前にやっていることも、容易にはできなくなっていった。女性ならではの問題やストレスもあった。

「歩いているときは、もう適当でしたね。日焼け止めも持っていたけど1回しか塗らなかったり、化粧品も持っていたけど眉毛を描かなかったり(笑)。トイレや歯磨きも面倒でした。沢渡でお風呂に1回入って、すっきりして気持ちがよかった。またすぐにずぶ濡れになりましたけど……。だんだん細かいことは気にしていられなくなりますけど、ずっと嫌でした」

中央アルプスに入ってからも、体調はすぐれないままだった。

「唯一、天気がよかった中央アルプスでも、元気が出なかったんです。ポカポカした稜線で2時間くらい寝られたんだけど、体調は回復しなくて……。池山小屋でも寝てしまった。いちばん天気がよくて元気にならないといけないところで元気が出なかったのが、残念だったかな」

中央アルプスでは、女性として唯一のＴＪＡＲ優勝者である間瀬ちがやが応援で山に入っていた。憧れの間瀬から声をかけられ、泣いてしまったという。道中、前後することが多かった山本（野呂川越でリタイア）の存在も、前進への大きな力になった。

最も弱気になったのは、南アルプスの三伏峠でメディカルチェックを受けた後だった。小屋に入るも、食欲がない。先に進む気力が出ない……。

「すごく寒くて、もう動きたくないなと。もう本当にダメかも、と思いました。このとき、知っている人が何人もいたんですけど、志村君もスタッフでいて、この人は完走してるんだ、すごいなと。選手では佐幸君、雨宮君がいて、田中さんも来たのかな。みんな淡々と行く用意をしていた。『みんな行くんだ。じゃあ、私も行こう』と（笑）」

選手たちはみな、疲労困憊のはずなのに、元気そうに見えた。

「あれっ、私、ここで泣きごとなんて言っていたらダメだなと」

寒さをしのぐため、シュラフカバーを体に巻き、カッパを着たことで、寒さがやわらぎ、進む気力も湧いた。

ビバークの際など、小さい工夫の積み重ねも、完走を引き寄せた。

「体を拭くシートで、寝る前には全身を拭いていました。寒かったので、寒さ対策にもなりました。汗をかいた後の皮脂、まとわり感が冷えの原因になるんです。それを拭き取れば冷えずに寝ることができました。あとは寝るときには上だけ寝間着（絶対濡らさない下着）に着替えていました」

また、足裏のケアも欠かさなかった。特に雨が続くなかでは、足裏のケアが終盤の選手自身のコンディションを左右した印象を受ける。

「いろんな人から『足裏はケアしたほうがいい』と言われたので、毎回、休憩するたびに、靴下を脱いで足裏を見ていました。クリームを塗ったり……。痛くはなったけど、皮がベロベロになることはなかったので大丈夫だったのかな」

肉体的に最もつらかったのは、最後のロードだ。南アルプスを下山する途中、左足の大腿部の肉離れを起こしていた。痛みを抑えるため、鎮痛剤を飲み、思うように動かない体を引きずるようにして前進を続けた。

「自分のなかで、ロードは走らないといけないというのが頭にあるんですけど、脚が痛くて下りさえも走れない。登りは歩いても、下りが走れないなんて……、と悲しくなりましたね。『走れないなんてダメじゃん』と、泣きながら歩いたりしていました」

しかし一方で「ここまで来たら、行くしかないでしょ」と気持ちを奮い立たせた。応援に駆け付けた夫と娘の存在も支えになった。

そして8月17日、22時をまわり、大浜海岸に到着した。

TJARに出たことで山の選択肢が増えた

やっとたどり着いたゴールの印象は……。

「感動するかなと思ったんですけど、ゴールの段取りがわからなくて(笑)。大浜海岸に着いて、やっと終わったと思ったら、撮影であちこち体の向きを変えて、次、海に行ってタッチしてください、と。もう濡れたくないな、と思いながら海に近づいて、タッチしたら波が寄ってきて、体が反応できなくてモタモタしていたら、濡れた。もう、なんで濡れるの!?と……」

記録は7日22時間12分、11位。「思っていた以上に厳しいレースだった」と西田は振り返る。

「ダメかも、と思いながらやめられなかったです。とにかくゴールをめざそう、と。楽しかったとは言えないですね」

だがその分、達成感は大きかった。

「ゴールしてよかった。人がいっぱいいて、びっくりしました。たくさんの人が迎えてくれて、幸せだなと」

自分ひとりの力では、完走できなかった……。心からそう感じたTJARの旅だった。

過去最悪ともいわれた悪天候下での完走、大会の歴史でも間瀬ちがや、星野緑に続く3人目の女性完走者となった。だが西田は言う。

「たまたま、私は運がよかったから出られたけど、他にも女性でももっとできる人はいっぱいいる。完走できたのは特別なことじゃないと思います」

再びチャレンジしたいという気持ちは——。

「機会があればもう一回やってみてもいいかなと思います。でも、狭き門じゃないですか。人を押しのけてまでは出たいとは思わない。自分でやるのもいいかなと思います。TJARのおかげで、2、3泊のビバークは自分でもやってみよう、道路も走ってつなげればいい、と山の選択肢が増えたのはよかったです」

「TJARは自分には向いていない」と幾度となく口にしていた。そんな西田が好きなレースとは——。

「200kmとか長い距離の厳しい山岳レース。スイスのアイアントレイルはよかったです。山がいっぱいあって景色がきれいで、エイドもしっかりあると嬉しい。日本でも200kmくらいのレースがあればいいのに。人気が出ると思います」

興味があるのは、欧州アンドラで開催されている「アンドラ・ウルトラ・トレイル」(170km)。「いつか挑戦してみたい」と語る。

15年11月には、ゴビ砂漠を舞台にした50kmのレース「酒泉国際ゴビウルトラマラソン」に参戦。入賞はならなかったが、5時間を切るタイムで完走した。

アクティブでチャレンジ精神旺盛な西田がいちばん好きなのは、地元・北アルプスの山域だという。

「新しいところもワクワクするけど、北アルプスは安心して楽しめる。ゴビ砂漠のレースを走ってみて、遥か彼方に見える地平線や砂漠の色と空の色しかない世界より、山がいいなぁって思いました」

西田にとって、山は日常から離れた特別な場所だ。「現実逃避なのかな」と言う。山を楽しむためには、山以上に大切な家族の理解が一番だ。

「主人は『またやってるよ』みたいな。あきらめていると思います（笑）。娘が大きくなったら一緒に山に行ってくれるかなぁ。いつか家族で海外の山にも行けたらいいですね。いろいろなことに折り合いをつけながら、これからもチャレンジしていきたいです」

西田由香里《にしだゆかり》

長野県安曇野市在住。職業は薬剤師。社会人になってからさまざまな山岳スポーツにアクティブに取り組む。12年、UTMF100マイル女子4位、美ヶ原70k女子優勝、日本山岳耐久レース71k女子3位。13年、IZUトレイルジャーニー70k女子3位、スイスアイアントレイル200k女子2位、14年、UTMF女子7位（日本人1位）、大雪山ウルトラトレイル110k女子優勝、TJAR完走（以上当時）。16年に第2子を出産。テクニカルな雪山にも興味を持ち、山岳スキーやSKIMO、BCスキーも楽しんだ。

※西田由香里さんは19年2月、中央アルプスの仙涯嶺（2734m）での滑落事故で亡くなりました。事故後、夫の西田渉さん、由香里さんの山仲間である田中ゆうじんさんが中心となり、『YUKARI Mountain Link』(https://www.facebook.com/groups/345598806049167) を立ち上げ、由香里さんが繋いだ多くの仲間と家族が末永く自然を楽しむため、山の安全に関する情報発信と活動をされています（21年5月時点で900人以上が登録）。

第4章

連載「TJAR2016 鉄人たちの熱い夏」から

TJAR2016 鉄人たちの熱い夏

14年から20年まで、山と溪谷社が運営していたウェブサイト「マウンテンスポーツネットワーク」。同サイトでは、16年のTJARを完全密着取材し、レース終了後、TJAR2016に出場した選手に取材し、記事にした。ここではその中から5人分を再掲載する。

取材・文＝松田珠子

2016年大会ダイジェスト

1日目、8月7日

午前0時、歓声と拍手のなか、選手たちがスタート。最後尾でスタートゲートをくぐったのは、3連覇中の望月将悟だ。応援の声や握手にも応じながらゆったりとスタートを切る姿が、この旅の長さを物語っていた。

スタート時の気温は27℃。湿度が高く、深夜になっても蒸し暑い。選手たちはそれぞれのペースで登山口の馬場島《ばんばじま》をめざす。まずは馬場島までロードを約30㎞。スタート後、いち早くトップに立ったのは、4度目の出場で過去2度2位（08、10年）に入っており、今大会を「集大成のレースにしたい」と意気込む紺野裕一。最後尾からスタートした望月もほどなく追いつき、肩を並べて並走する。

馬場島をトップで通過したのは望月。数分遅れて紺野が続く。その後、初出場の新藤衛、4度目の出場で14年には4位で完走している石田賢生が続く。さらに14年は初出場組の中で最上位の8位で完走、16年までの2年間も山に通い詰め実力を備えてきた朽見太朗、前回は選考会を通過しながら抽選で涙を呑んだ渡部 祥、今大会唯一の選手マーシャル（選手兼スタッフ）の船橋 智、3大会連続の完走をめざす松浦和弘、14年に続く完走をめざす雨宮浩樹、初出場の吉藤 剛、2大会連続完走をめざす大原 倫の順に通過。

剱岳《つるぎ》への山岳区間に入ると望月が単独トップに。紺野は暑さによる脱水症状で足の攣りに見舞われペースダウン。

望月は立山・雄山《おやま》を越え、登山者で渋滞するなか9時45分に一ノ越《いちこし》着。4年前の通過時間より30分ほど遅れているが、気にする様子はない。一の越山荘でコーヒーなど購入、10分ほど休憩し、再出発。日差しが強く、すでにかなりの暑さだったが「暑さはあまり気にならない。調子は悪くない」と語った。

望月から約30分後、朽見、石田、紺野が一の越山荘に到着。石田は「天気が良すぎて、暑くてペースが上がらない」、紺野は「暑さが苦手。剱岳の登りから何度も足が攣っている」と、ややつらそうな表情。朽見は「練習で山に通ったなかでもこんなに暑かったのは1、2回くらいじゃないか」と語っていた。

望月はこの後、2年前暴風雨に見舞われた薬師岳を越え、太郎平小屋を通過。調子を崩していた紺野は巻き返し、北ノ俣岳で望月に合流。20時過ぎ、望月と紺野は黒部五郎小舎《ごや》でビバークする。

2選手から1時間半ほど遅れ、3番手グループの石田、朽見、その後、渡部も黒部五郎小舎に到着しビバーク。望月、紺野は2時間ほどのビバークで再出発。

後続の9選手（新藤、松浦、船橋、北野聡、佐幸直也、雨宮、大原、斉藤聡之、吉藤）が薬師峠でビバーク。10選手（柏木寛之、江口航平、栗原葉子、桑山史朗、米田英昭、仙波憲人、田中尚樹、村上貴洋、恵川裕行、内山雄介）がスゴ乗越《のっこし》小屋で仮眠をとった。

竹内は五色ヶ原を通過後、越中沢《えっちゅうさわ》岳付近で休憩。岩崎は五色ヶ原を過ぎたあたりで、岡田泰三はその先（スゴの頭付近）でそれぞれ休んだ。

早月尾根を進む選手たち（写真＝田上雅之）

馬場島までのロードを併走する
望月（左）と紺野（写真＝山田）

序盤の早月尾根で高山病の症状により大きくペースダウンしていた男澤博樹は、五色ヶ原で仮眠。何度も立ち止まりながら最後尾を進んでいた玉置千春は、立山・富士ノ折立《おりたて》鞍部でも休憩をとった。

2日目、8月8日

初日の夜、2時間ほどの睡眠で行動を再開した望月と紺野は、深夜に双六小屋《すごろく》、2日目の3時過ぎに槍ヶ岳山荘を通過し、ババ平で休憩。15分で切り上げた紺野が先に進む。紺野は上高地《かみこうち》チェックポイント（CP）に朝7時半過ぎに到着。

8時ちょうど頃、望月が上高地CPに到着。荷物整理や足のケア、食事などで30分ほど滞在して再スタート。10時5分に朽見が上高地CPを出発、さらに11時38分に渡部、槍ヶ岳で高山病の症状に見舞われた石田が途中休息を入れながら13時過ぎに通過した。

14時43分、6位で上高地を出発したのはビブスナンバー1、最年少の32歳斉藤。初日、馬場島に向かうロードでは一時最下位に位置していたが、山岳区間に入って一気に上位に浮上した。

船橋、新藤、雨宮、北野、佐幸、大原、松浦までの13選手が日没前に上高地を通過した。

この日、厳しい暑さのなか、中央アルプスへ向かう65㎞のロードを紺野が単独トップで進み、望月が追う。灼熱のロードを水分を補給しながら進んでいた紺野だが、胃腸の調子が悪化、嘔吐にも見舞われる。それでもトップで旧木曽駒《きそこま》高原スキー場に20時過ぎに到着。

そこに望月が合流。揃って2時間ほど仮眠し、23時に再出発して中央アルプスへ入っていく。旧木曽駒高原スキー場を3位で通過したのは渡部、ほとんど差はなく、杉見、石田と続く。

2日目、選手の多くが北アルプスを下山。夕方以降、上高地CPを吉藤、江口、柏木が通過。21時をまわり、米田、仙波、桑山、栗原が通過。さらに2日目から3日目へと日付が変わる頃には、20選手が上高地チェックポイントを通過した。

3日目、8月9日

3日目、朝にかけて、男澤、田中、岡田、内山、恵川、村上の順で上高地CPを通過した。7時20分、竹内が上高地CPに到着。その直後、岩崎が左膝と足首の痛みでペースを落としながらも到着、岩崎が7時23分、竹内が7時28分に出発した。上高地の関門は28名が通過した（玉置千春がリタイア）。

この日、上位の選手は中央アルプスを縦走。木曽駒ヶ岳への登りで望月が紺野を引き離し、単独トップに。木曽駒ヶ岳を深夜2時45分、宝剣山荘《ほうけん》を3時14分に通過、宝剣岳を経て空木岳をめざす。深夜は眠気にまかせて、5分、10分ほどの細かい休憩を入れながら前進。夜が明けて7時半に空木岳《うつぎ》を通過、駒ヶ根高原へ。

再び胃腸の不調に見舞われていた紺野は、休憩や補給を工夫しながら症状の改善に努める。5時45分に木曽駒ヶ岳を通過し、宝剣山荘へ。エネルギー枯渇により寒さを感じていたというが、ここで時間をかけてふやかしたカップ麺を補給し、宝剣山荘を出発。宝剣山荘に3位で到着した朽見が、紺野より早く6時34分に出発、2位に浮上する。

3日目朝、駒ヶ根に下山した望月は、28kmのロードを経て、15時半、応援の家族が待つ市野瀬《いちのせ》CPに到着。17時過ぎに再スタート。望月が出発して1時間後の18時半、紺野が2位で市野瀬に到着、22時半に出発。

この日、市野瀬CPに到着したのは朽見(19時52分)、渡部(20時30分)までの4選手(朽見、渡部は日付が変わった深夜に市野瀬を出発)。

望月はこの日のうちに南アルプス・仙丈《せんじょう》ヶ岳をめざす。地蔵尾根の途中で眠気に見舞われ、数時間休みをとった。

4日目、8月10日

4日目へと日付が変わった0時半、望月が行動開始、仙丈ヶ岳を通過し、塩見《しおみ》岳へ。同じ頃、石田が市野瀬に到着、4時半に出発。駒ヶ岳頂上山荘でビバークしていた柏木が深夜1時過ぎに宝剣山荘を通過、1時間ほど後に江口、男澤、さらに米田、仙波、桑山が揃って通過。いずれも元気な様子を見せていた。

望月はこの日の正午過ぎに三伏《さんぷく》峠に到着し、15分ほどの休憩で出発。自身の最速記録よりも2時間以上速いペースで快調に前進していく。

2位の紺野は、18時、望月から5時間半遅れで三伏峠に到着。睡眠不足からか調子が上がらないとのことだが、かつてアルバイトしていた三伏峠小屋の主人と談笑しながらカレーを食すなどリラックスした様子も見せた。1時間ほどの休憩の後、19時前に出発。

望月は20時頃、荒川小屋にて2時間ほどビバーク。これがツエルトでの最後の仮眠となった。22時前に出発。紺野は三伏峠以降、短い休憩をとりながら前進。

23時前、杇見が5位で三伏峠に到着。腸脛靭帯の痛みが発症し、塩見岳手前の登りで左膝に激痛が走り、一時は動けなくなったという。ストックシェルターを設営し、「とりあえず朝まで寝て、様子を見る」と杇見。

市野瀬CPの出発は、朝8時前~9時過ぎの間に、6~9位の船橋、北野、斉藤、新藤が出発。さらに大原、雨宮、佐幸、松浦が南アルプスへ突入。この日、市野瀬CPには22選手が到着した。

5日目、8月11日（山の日）

5日目0時、望月は南アルプスの聖岳を通過。朝6時半、夜を越え、茶臼小屋へ。6年前より5時間早いペースだ。2位紺野、3位渡部も変わらず。

三伏峠で朝まで休養をとった杇見は、起床後、テント場横の階段をゆっくりと上り下りして足の調子を確認する。「体調はよく、腸脛靭帯の痛みのみ。ペースを落としたことで筋肉痛もほとんどなく食欲は変わらず旺盛。体は本当に元気なんですけど……」と杇見。足に激痛が走り一時的に動けなくなった場面を思い起こすと、この先で同じような症状が起きた場合、安全に下山できる保障はない。自己責任、自己完結が理念であり選手の義務でもあるTJARにおいては、自力で下山できない状態に陥るわけにはいかない。「リタイアの覚悟は市野瀬に着いたときからできていた。自分のカラダがダメなのを最後に確認し、気持ちの整理をしていた」（朽見）

6時半頃、船橋が三伏峠に到着し、カレーを食べ、7時過ぎに出発。

朽見は9時前に一度出発するが、1kmほど進んだところで足に痛みが走り、リタイアを決意。北野が9時過ぎに、その数分後に斉藤が三伏峠を出発。

この日の12時が市野瀬CPの関門となる。栗原、田中、恵川は前日の日付が変わる前に到着し、早朝、市野瀬CPを出発。その後、朝にかけて市野瀬CPに到着した内山、岡田、村上、最年長の竹内が8時半〜9時半頃にかけて出発。11時半、関門の30分前に岩崎が到着、すぐに出発のチェックを受ける。市野瀬CPは、上高地CPを通過した28選手全員が制限時間までに通過した。

前人未到の5日切りを達成。深夜にもかかわらず、大浜海岸には多くの人が詰めかけた（写真＝山田）

望月の勤務先、しずはた出張所前で応援者たちとの会話に応じる望月（写真＝山田慎一郎）

大浜海岸の手前で道に迷ったという渡部。
多くの応援者に笑顔を見せた（写真＝山田）

自己最速の5日7時間21分で完走した
2位の紺野（写真＝松田）

トップを進む望月は、前夜20時頃荒川小屋にて最後のツエルトでのビバーク。22時前に行動開始し、赤石岳、聖岳と深夜に通過。4時半過ぎ、聖平小屋のベンチで15分ほど仮眠をとった後、ほぼノンストップでゴールをめざした。

山岳区間を終えて畑薙《はたなぎ》第一ダムに下山。ロードで故郷の井川地区へ。富士見峠を16時半に通過。余力を振り絞って走り続けるが「足は限界だった」と後に振り返る。

ゴールまで残り13㎞の地点にある望月の勤務先・千代田消防署しずはた出張所前には、夜間にもかかわらず職場の同僚、地元住民、そして望月の家族・親戚ら、１００人を超える応援者が駆け付けていた。地元住民有志によって作られたという「望月将悟選手、凱旋」の横断幕も掲げられるなか、22時22分に望月が姿を見せた。ペースをゆるめ、応援の声に応じながら、力強い足取りで進んでいく。応援の人垣の端まで来ると、振り返って一礼し、再び走り出した。

そして23時50分をまわり、大浜海岸へ。応援の声に、何度も頭を下げながらゆっくり進み、ゴールのフラッグを両手で掴んだ。前人未到の５日切りとなる４日23時間52分でフィニッシュ。

8月11日、今年から施行された「山の日」にゴールし、4連覇を果たした。その後、ゆっくりと波打ち際へ。太平洋の水に手をつけると、再び惜しみない拍手が送られた。

「たくさんの応援のおかげでここまで足を運ぶことができた。本当にありがとうございました」

ゴール直後の挨拶ではこう語ると、深々と頭を下げた。

6日目、8月12日

12日朝7時をまわり、2位の紺野が大浜海岸へ。砂浜への階段を上がると、カメラマンたちを振り切るほどの猛烈なラストスパートを見せた。自身最速の5日7時間21分の記録でゴール。

ゴール直後のインタビューでは「予定より遅くなり待たせてしまった。また中盤以降、記録を意識していたので、声をかけてくれた人に十分に対応ができなかったことが申し訳なく思っている」と語り、感極まる場面も。幾度となく調子を崩しながらも立て直し、底力を見せた。「もう少しいい記録を狙っていたが、力不足でした。納得し

暑さに苦しむ場面もあったが、終始安定したレース運びで4位に入った石田
（写真＝宮崎）

12年に続いて2度目の完走を果たした北野（左）と、今大会最年少出場者・初完走の斉藤（写真＝宮崎）

4大会連続の5位以内でのゴールと安定感を見せた選手マーシャルの船橋（写真＝山田）

ています」と、すがすがしい表情で語った。14年に選考を通過しながら抽選で涙を呑んだ渡部が、初出場ながら5日10時間52分の好記録で3位。

この日の午後、4位の石田がゴール。記録は5日14時間49分だった。暑さで熱中症気味になるなど苦しい場面もあったが、初完走を果たした14年の記録（6日16時間47分）をまる1日近く短縮した。

5位の船橋は20時24分にゴール。4大会連続の5位以内（5、5、3、5位）と安定した強さを見せた。

さらに23時半、初出場の新藤が6位でゴール。MTBの元日本代表という経歴を持つ新藤。14年は選考会で落選し、一度は「あきらめかけた」が、ともにTJARをめざしながら志半ばで亡くなった仲間に「やり遂げたところを見せたい」というモチベーションで臨んできた。今回は膝の疼痛を抱えながらも、5日23時間31分で完走した。

7日目、8月13日

13日早朝、まだ薄暗いなか、最年少・斉藤が7位でゴール。

記録は6日5時間5分。続いて数分後に北野がフィニッシュ。6日5時間9分。14年大会は選考会を通過しながら抽選で落選、出場が叶わなかったが、初出場だった12年大会の記録(6日20時間27分、6位)を大幅に更新した。

8時半をまわり、大原が大浜海岸へ。6日8時間46分で涙のゴール。この2年は職場が変わり、14年に比べると山に通う回数は激減したというが、トレーニングの工夫を重ねてきた。2年前の〝経験〟も加わり、また大きく前進した。

大原のゴールから1時間後、雨宮が軽やかな足取りで大浜海岸へ。レース中、いつ声を掛けられてもひときわ元気に笑顔で応じていた雨宮。ゴール後は「ありがとうございました」と、晴れやかな笑顔を見せた。

15時には佐幸がフィニッシュ。さらに終盤のロードで追い上げた米田が19時過ぎにゴール。雨宮、佐幸、米田は14年大会で足裏の痛みに苦しんだ経験から、今回は足裏のケアをレース中に欠かさなかったことで、いずれも前回の記録をまる1日以上更新した。

続いてゴールしたのは14年の最終ランナー・柏木。前回の

3大会連続出場の松浦。16年大会に向けては家族の時間を優先し、工夫してトレーニングを行なってきた(写真=松田)

2年前の自己記録を大幅に短縮した大原(右)と雨宮(写真=松田)

7日9時間54分で完走した吉藤（写真＝宮崎）

初出場の男澤。不調に陥りながらもあきらめずにゴールをめざし続けた（写真＝松田）

記録を24時間以上短縮した。

松浦は6日22時間21分でゴール。今年は家族の時間を優先し、アルプスでの山行の頻度が減ったというが、そのぶん富士山での短時間で負荷の高いトレーニングを行なうなど工夫してきた。中盤以降はむくみに苦しみながら貫録の完走。

さらに30分後には初出場の男澤がゴール。序盤の高山病で一時は28位まで後退しながらも、巻き返した。日付が変わる前に、前回は三伏峠でリタイアした江口、初出場の桑山が、それぞれ家族が待つ大浜海岸に到着、7日以内の完走を達成した。

井川オートキャンプ場チェックポイントでは19番目の吉藤が16時すぎに通過、7時間後の23時10分に20番目の田中が通過。13日中までに20選手が最終関門を通過した。

8日目、8月14日

最終日。井川オートキャンプ場チェックポイントの関門が14日の朝4時と迫るなか、岡田が3時5分、恵川と内山が3時半に、10分後に栗原と岩崎が通過。最後の関門を25選手が通過した。最年長の竹内は、朝4時までにたどり着くことができず、最終関門でタイムオーバーとなった。

14日の桑山のゴールから10時間がたち、15日の9時54分に吉藤が18位でフィニッシュ。途中、胃腸の不調に苦しみながらも、初挑戦で完走した。

続いて10時半過ぎ、仙波が家族や所属するチームの仲間らが出迎えるなか、19位でフィニッシュ。14年大会は富士見峠でリタイアとなった仙波だが、悲願の初完走を果たした。

14時をまわり、4度目の出場となった田中が、12年大会以来2度目の完走。これで20選手がフィニッシュした。

本戦の出場は4度目、悲願の時間内完走をめざしていた岩崎が、終盤にペースを上げ、17時半をまわり大浜海岸へ。多くの応援者に迎えられ、笑顔でフィニッシュ。7日17時間48分と制限時間に余裕をもっての完走を果たした。

続いてゴールしたのは52歳の岡田。記録は7日19時間56分。今大会最年長完走者となった。山やランニング歴は3年ほどながら、トレイルレースやアルプス級の山々のファストハイクを数多くこなし、力をつけてきた。今大会では最後のロードで低血糖に陥ったが、巻き返して完走。

応援者たちの手によって作られた〝スペシャルゲート〟をくぐる岩崎（写真＝宮崎）

悲願の初完走を果たした仙波。フィニッシュの瞬間、感極まる（写真＝宮崎）

8日間の制限時間まで30分を切り、ゴールの大浜海岸では雨が降り始めた。23時35分に栗原と恵川がともに歩いて大浜海岸へ。栗原は間瀬ちがや、星野緑、西田由香里に続く女性4人目の完走者となった。

そして23時44分、最終ランナーの内山が大浜海岸へ。雨のなか、また夜遅い時間にもかかわらず、多くの応援者が出迎えた。

今大会は暑さが選手を苦しめた場面はあったものの、期間中を通して好天に恵まれたことから、足裏の状態や露営の環境など、選手にとってはトラブルの起きにくい状況だった。望月の5日切りをはじめ、6位の新藤までが6日を切るなど好記録も続出。出場29名中、25名が完走した。

望月将悟、新記録達成と4連覇の軌跡

16年9月21日、TJARのフィニッシュ地点である大浜海岸。前日、台風16号が東海地方に最も接近した。幸い、静岡近郊は大きな被害はなく台風は21日に温帯低気圧になったが、消防士である望月は、当日の朝まで、いつでも出動の要請に対応できるように待機していたという。

台風一過で晴れ間が出ていたものの、風は強く、太平洋は白く波立っていた。まだ強い日差しが夏の余韻を残すTJARゴールの地で、望月将悟選手に4度目の挑戦を振り返ってもらった。

――レース前から調子がいいと語っていましたが、その言葉通りのレースでした。

「今までは、TJARが近づくと『大丈夫かな』と不安に感じることもありました。今回はそういうのもまったくなく、レースが待ち遠しかった。レース中は、足が痛かったり、多少はつらいところもあったけど、連覇や記録のプレッシャーは感じずに、楽しく進めた。自分の中でベストを尽くしたし、出し切れた。今までは、終わって『もう少しあそこでこうすればよかった』と後悔するところがあったけど、今回はそれがない。4回目にして、初めて悔いのないレースができた。すっきりしています」

――「応援力を感じた大会だった」と。

「以前は、周囲から連覇や記録を期待される声が多かったのが、今回は『自分のために走

大浜海岸にて（写真＝山田慎一郎）

ってよ』とか『途中でやめてもいいよ』と寄り添ってくれるような声が増えた。2回、3回と応援してくれて、ゴールの姿を見て、TJARを理解してくれているなと」

――どのような行動計画だったのですか？

「1日に何時間寝る、というのは決めず、自分が寝たいときにちょっとずつ寝るというスタイルで行きました。効率がよいとはいえないけど、自分には合っている。前回のTJARや昨年のトルデジアンでは、1日3時間とかここのポイントで何時間寝るとか決めたんです。でも、例えば3時間寝ようと決めても、周りの音が気になったり後ろから追われるプレッシャーで結局ぐっすり寝られず、あとで『やっぱり寝なければよかった』と後悔することもあったので。今回の睡眠時間は合計で8時間くらい。今までいちばん少なかった。今までは眠気で耐えられないときもあったけど、今回はそういうことが今までと比べて少なかったですね」

——ゴール後には、序盤から紺野選手と前後しながら進んだことが記録につながったともお話していました。

「紺野さんも5日切りは意識していたと思います。今回が最後のつもりだとも言っていたし、そのくらいの気持ちでやらないと、満足いく結果は出せない。今までの紺野さんを見てきて、つらい場面を乗り越える精神力はものすごいなと。自分がちょっと気を緩めたら、追いつかれるだろうなと思っていました」

——後半もペースが落ちなかったのは何がよかったと思いますか？

「天気がよかったのは大きいですね。今までは雨が多かったので、雷鳴が聞こえたり、先にぶ厚い雲がかかっているのが見えて、『怖いな』『行きたくないな』と怖気づくところがあった。でも今回はずっと先の景色や星空がきれいに見えて『早く先へ進みたい！』という感じでした。今回、暑さにやられている人もいたようですけど、僕は暑さもあまり気にならなかったです」

——TJARに向けて、何か取り組みで変えたところなどはありますか？

「全然ないですね。自然に、自分がやりたいようにできるようになった感じ。今までは、ほかの選手のブログとかSNSを見て『こんなに練習するんだ。自分もやらなきゃ』と焦りを感じることもあった。でも今は、練習の量が少なかろうが多かろうが、自分のやり方でやろうと。始めたころのように、やりたいようにできるようになった感じですね」

――そういう心境になった経緯、今回の結果や今の望月選手の強さを生んだものは？

「うーん、天候も含めて、山はこういうものだと受け入れられるようになったことですかね。以前は天気が急変することに対して不安に感じていたけど、今まで以上に当たり前だと思えるようになった。プレッシャーも受け入れられるようになった。レースで後ろから追われることも全部ひっくるめてＴＪＡＲだと。12年のときはＮＨＫの取材カメラに対してストレスもあった。自分がつらいときに撮られたくないし、それでイライラした場面もありました。今回はそのストレスもまったくなかった。経験もあるでしょうし、精神的なところが大きいですね」

――今大会は好記録が続出しました。ＴＪＡＲのスピード化についてはどう思いますか？

「スピード化は進んでいると思うけど、ＴＪＡＲにおいては、レースだからといってスピードや順位にこだわったり、それを優先するのは違うかなと。記録を意識して飛ばしてつぶれる、というのは、山ではやっちゃいけない。今回は天気に恵まれたけど、悪天候だったらどうなるかわからない。自分は仕事柄、何かあったらすぐ救助できるように常に意識はしているけど、ＴＪＡＲをめざすような人たちだからこそ、困っている人がいたら手を差し伸べられるような余裕、体力、知識を持って臨んでほしい」

――山岳救助隊の立場から、ＴＪＡＲに対して感じることはありますか？

「ＴＪＡＲは登山の究極だと思っています。自分の荷物を全部持つし、気象条件にも対応しながら進んでいく。自分がどこまでやれるのか、レースの中で見出していく。それを仕事に役立てられたらいいなと思っています。いろんな山を知ることができるのは、自分の活動や仕事にも生きていると思います」

――今後、チャレンジしてみたいことを教えてください。

「海外のレースにチャレンジしてみたい。トルデジアンもそうですし、海外の新しい大会も増えているので、いろいろな山に行ってみたいですね」

――山岳アスリート、また山岳救助隊として、登山者へのメッセージをお願いします。

「山頂をめざすのも登山だけど、途中の景色を楽しむのも立派な登山。自分の力量を見極めながら、不安要素を削って、計画を立てる。その上で安全な登山をめざしてほしい。あとは子どもの遠足と一緒で『家に帰るまでが登山』。雑誌に出ているきれいな山は、ちょっと標高が高かったり、体力がないと登るのが難しい場合もある。長野県警さんの言葉（「山登り10訓」）を借りれば『登りたい山より、登れる山』。そこを見極めて、安全な登山をするのが大事だと思います」

望月の人柄を表わす印象的な場面がある。8月11日、山の日。時刻は22時をまわっていた。残り13km地点、望月の勤務先・静岡市千代田消防署しずはた出張所前には、地元の有志によって作られた横断幕が掲げられ、地元住人、消防署の同僚をはじめ、100人を超える応援者が集まっていた。

望月が姿を現わすと拍手が沸いた。応援者たちも記録がかかっていることはわかっていた。

「立ち止まらなくていいから！」

「行って！ 行って！」

だが望月は歩きに切り替え、沿道の人と握手を交わし、時に足を完全に止め、会話に応じた。人垣の端に到達すると、振り返って「ありがとうございます」と頭を下げ、再び走り出した。時計を気にしたり、焦るような様子はなかった。

振り返って、本人は言う。「みんな、遅い時間まで待っていてくれた。そりゃ、立ち止まりますよ。応援してくれる人たちを振り切ってまで記録を出すのは、この大会においては自分のスタイルじゃないなと」

そうして打ち立てた、4日23時間52分――。望月は言った。

「応援してくれた人たちと一緒に出した記録だと思っています」

過去4大会を振り返る

■2010年（優勝・5日5時間22分）
初出場の10年大会は、紺野裕一、駒井研二と前後しながら進み、南アルプスに入って2人に先行し単独首位に。5日5時間22分の大会最速記録で優勝。「こんなに達成感があり、自信につながったことは今までなかった」と望月は振り返る。レース中、常に自分を気遣い、声を掛けてくれた紺野、駒井の姿から、TJAR戦士の強さは人を思いやる優しさであると学んだ大会でもあった。

■2012年（優勝・5日6時間24分）

NHK取材が入った12年大会。スタート後、馬場島までのロードでトップに立つと、その後はゴールまで独走。新記録への意識、周囲からの連覇への期待などがプレッシャーとなり「レースを楽しむ余裕がなくなった」と振り返る。苦しい局面もあったが、2位以下を寄せ付けず、5日6時間24分で2連覇。

■2014年（優勝・5日12時間57分）

台風接近に伴い、序盤の剱岳を回避するコースに。初日から猛烈な暴風雨に見舞われ、トップグループが薬師岳山荘で一時停滞、またすべての関門とゴールの制限時間が3時間延長となった。望月は上高地を過ぎてギアチェンジ。5日12時間57分で貫禄の3連覇を果たした。

■2016年（優勝・4日23時間52分）

大会期間中を通して過去に例のない好天。序盤から紺野と前後しながら快調に進み、3日目、中央アルプスで紺野との差を広げるとそのまま独走。後半もペースを落とさず、前人未到の5日切りを果たした。

2014年大会、立山室堂付近をトップで進む望月。天候は小雨交じりで風が徐々に強くなっていた（写真＝杉村 航）

渡部祥

5日10時間52分、3位 ※初出場

望月将悟、紺野裕一に続いて3番目に大浜海岸に姿を見せたのは、初出場の渡部祥だった。静岡駅まで3㎞というところで脛を痛め、走れなくなった。さらには静岡駅以降、大浜海岸への道を間違え、最後に遠まわりしてしまった。

NHKカメラに張り付かれながら海岸線に出ると、数百メートル離れた場所にフィニッシュゲートが見えた。皆が待ってくれている。急ぎたいが走れない。痛む脚を引きずるようにして歩きながら、ゴールへ。両親や仲間たちに迎えられ、フィニッシュ。

寡黙で喜怒哀楽をあまり表に出さない渡部だが、このときばかりは表情が崩れた。

「最後、ラストスパートでかっこよく走りたかったけど、脛を痛めて走れなくなって、この暑いなか、皆さんを長々とお待たせして申し訳なかったです。最後は締まらなかったけれど、皆さんに迎えていただいて本当に嬉しかったです。ありがとうございました」

14年には選考に合格しながら抽選で落選。迷い、悩み、苦しんだ2年間だった。皆が自分のゴールを喜んでくれるのも嬉しかった。

「頑張ってきてよかった……。やっぱりTJARはいいな」

心から、そう感じた。

自分の脚での〝旅〟

福島県で生まれ育った。子どもの頃は山や川が遊び場だった。高い山に登ったことはなく、渡部にとって山は、虫を採ったり秘密基地を作る場所だった。大学（防衛大学校）進学をきっかけに上京。学生時代はフィールドホッケーに打ち込んだ。大学の訓練で富士山に入ったり、荷物を担いで夜通し山を歩くこともあったが、当時は訓練の厳しさとそうした訓練に意義が見いだせず「山は嫌いだった」。

一般企業に就職後は、仕事一辺倒の生活を送っていた。

あるとき、住んでいた横浜で、通勤でいつも通る橋の上から富士山が目に留まった。

「それまで仕事ばかりしていて気づかなかったけど、富士山がきれいに、しかもすごく近く見えたんです。あそこまで走っていけそうだな、やってみよう、というのがいちばん最初ですね」

さっそく翌週、有休を取り、横浜の自宅を出発。荷物を担いで箱根を越え、富士山の山頂をめざした。3日かけて往復した。「半分歩きだったが、自分の脚でやりきることに意義を感じていた」と渡部。このとき富士山から見た景色に魅了された。嫌いだったはずの山が好きになった。

「もっともっと遠くまで、自分の脚で旅してみたいと思った」

ちょうどこのころ、おもしろい挑戦を耳にした。

「アメリカのアドベンチャーチームがアマゾンの地図に南北まっすぐに線を引いて、その直線を辿るように縦断した、と。それを聞いて『自分もやりたい』と思い、似たようなことができないかなと。じゃあ九州で一人でやってみようと……」

渡部は、鹿児島空港から門司港までまっすぐ線をひいて、その線を辿ることを思いつく。移動手段は「足」だ。夏休みを利用し、簡易テントを担ぎ、街の中ではスーパー銭湯などに泊まり、8日間で九州を縦断した。

「自分で地図を見ながら、ここからここをつなぎたいなとか、ここをぐるっとまわったらおもしろそうだなとか。30代の前半はそんなことをいろいろやりました」

琵琶湖を一周したり、鹿児島から青森をいくつかの区間に分けて縦断したこともある。ウルトラマラソンのレースにも多く出場するようになった。12年5月には、太平洋（東京湾）から日本海（新潟市）まで結ぶ「川の道フットレース」（520㎞）に出場し、完走。いろいろな挑戦をするなかで、いつか日本アルプスの全山を辿って日本海と太平洋をつなげてみたいと思っていた。そんなとき、ＴＪＡＲのことを知った。12年秋のことだ。

自分が夢に描いていた日本アルプスの全山縦走。ＴＪＡＲについて調べるほど、このレースに挑戦したいという気持ちが高まった。

「いつかやってみたかった夢が、具現化した目標へと自分の中で変わりました」

抽選で落選した14年。2年後の再挑戦

そこからはＴＪＡＲのための日々だった。ＴＪＡＲの要項を読み込み、コースを分析し、

装備を研究した。山の経験を積むため、休日は山に籠った。12年に仕事で富山県に転居し、北アルプスが近くなった。トレーニングには恵まれた環境だった。13年夏にはトレーニングキャンプにも参加した。

平日はロードで走力強化、週末は山へ。仕事以外の時間は、TJARのために費やした。そうして14年大会の選考会に挑み、合格。12年大会を完走した出場希望者と選考会合格者の合計が定員を超えたため、抽選となり、7名が落選。その中に渡部の名前があった。

当初から、14年大会の出場が叶わなければさらに2年後をめざそうという気ではいた。だが、実際に落選した後、気持ちを立て直すことは、思っていた以上に難しかった。

「14年をめざしていたときは、あまり迷いがなかったんです。めざしている段階で、当然、抽選になるだろうとは思っていたし、頭では『自分が落ちるかもしれない』とわかっていた。でもどこかで、こんなに頑張っているんだから行けないはずはないと、変な自信があったんです。でも実際に、14年に落選して……。そこからの2年間の考え方とか、気持ちの持ち方は全然違いました」

現行のルールでは、選考会に合格して抽選に落選しても、2年後に優遇されることはない。2回続けて落選する可能性もある。

「16年に向けて頑張ろう、と思っても、また落ちるかもしれない。いくら頑張っても、抽選の確率が上がるわけじゃない。頑張った分だけ、積み重ねた分だけ、失ったときのダメージが大きい。それが『運が悪かった』ということだけで済まされてしまう。いい感じにトレーニングができていても、ちょっとしたことで頑張れなくなったり……。そこから気持ちを立て直して、でもまた気持ちが落ち込んだり……。その繰り返しでした」

自分は本当にTJARに出たいのかさえ、わからなくなることもあった。

「結局、最後は〝運〟なのは同じ。やりたいことをやっているはずなのに、どうしてこんなに苦しいのか。14年に落ちたから、それまでやってきたことを無駄にしたくなくてTJARにしがみついているだけじゃないかと。本当に自分はこれをやりたいのか？　つまらないプライドや自己顕示欲でやろうとしているだけなんじゃないか？　と、いろんなものをそぎ落として考えていくんです。そうすると、やっぱりやりたい、と。やるなら、悔いのないようにしっかり準備して挑みたい。そのためには頑張るしかない、と……」

何度も自問自答、自己分析を繰り返し、自らを鼓舞した。

やるのなら後悔だけはしたくなかった、と渡部は言う。16年は、最後のTJAR挑戦のつもりだった。

「16年は、出場できてもできなくても、最後のつもりだった。だから、悔いのないようにやりきるんだと。そうやって自分に言い聞かせないと、頑張れなかった」

14年大会出場を逃した後、パラグライダーとの出会いがあった。「X－Alps」（※パラグライダーとトレッキングが融合したアドベンチャーレース）を知り、TJARの次はこれに挑戦したいと、立山のパラグライダースクールに入った。「X－Alpsを知って挑戦したいと思ったけど、すごく難しいレースなので、出場できるとしても、5年とか6年とか、もっと先の話だろうと。まずはTJARを頑張ってからだと」

仕事がある平日はロードのランニング。金曜日に仕事が終わると、家から山まで30㎞走り、朝まで山の中を走り、日中はハイクしてパラグライダーで飛び、夕方になったらまた山の中を走る。途中、ビバークスタイルで「眠くなったら少し寝る」。それを繰り返して日曜の夜に帰宅するのが週末の過ごし方だった。

3日以上休みが取れるときや、気象条件が悪くパラグライダーで飛べないときは、TJARのコースで「本戦を想定したシミュレーション」を行なった。

そうして、16年大会にエントリー。選考会は悪天候のなかとなったが、冷静に力を出し切り、合格。抽選は行なわれず、すんなりと本戦出場が決まった。

「あっけなく決まった感じで、ほんとなの？　と。ほっとしたんですけど、これは嘘なんじゃないか？　と（笑）」

2年間、悩み苦しんだ分、当初は素直に受け入れることが難しかったという。それでも、最大の目標としていた舞台に立てることが決まったのだ。あとは悔いのないように、自分の力を発揮するだけだった。

初出場で3位

16年大会、本戦。目標を「6日切り」と掲げてはいたが、「順位や記録は相対的なものなので、もともとあまり気にしていなかった」と渡部は言う。

「だいたいイメージどおりに進めた」という初日は、ホームグラウンドともいえる北アルプスを快調に進んだ。初日は黒部五郎小舎でビバーク。2時間でアラームをかけていたが、1時間寝過ごした。

上高地からのロードは暑さとの戦いとなった。

「アスファルトの照り返しが本当に暑かった。いちばん暑い時間帯だったので、そこでけっこうバテました。水を摂り過ぎたのかもしれない……」

この日は旧木曽駒高原スキー場で2時間仮眠し、翌日中央アルプスへ。補給はできていたものの、体に力が入らない状態が続いていた。

「中央アルプスは調子が悪かった。いくら食べてもエネルギーにならない感じで、いちばんきつかった。感覚的には半分も来ていないのに、こんなにきつくて本当に完走できるのかなと」

宝剣山荘には、先行していた朽見と紺野がいた。このとき紺野も調子を崩していた。胃腸が食べ物を受け付けなくなっていた紺野は、カップラーメンをふやかしてなんとか胃に押し込もうとしていた。

紺野に見送られ、渡部は先に宝剣山荘を出発したが、この後、檜尾《ひのきお》岳を越えたあたりで、復活した紺野にかわされた。

「紺野さん、宝剣山荘ではすごく体調が悪そうだったのに、すごいなと。あんなにボロボロになっても復活できるんだから、自分もなんとかなるかなと思いました」

空木岳からの下りの途中、水場で休憩し水を浴びたが、体調は戻らなかった。

登山口まで下りてくると、パラグライダースクールの仲間たちが待ち受けていた。

「そこにいてくれると思わなかった。すごく嬉しかった」

嬉しい再会もあった。14年大会中、渡部は単独で北アルプス全山縦走を行なった。そのときに偶然出会って話をした男性が、今回エントリーリストで渡部がＴＪＡＲに出ているのを知り、応援に駆け付けてくれたのだ。「すごく力になった」と渡部。駒ヶ根の町を通って市野瀬に向かう途中にも、渡部の名前入りの応援ボードを持った応援者がいた。

「自分の知らないところにも自分を応援してくれる人がいるということが嬉しくて、とても勇気付けられました」

市野瀬には3日目の15時半に着いた。石田賢生、朽見もいた。渡部はここでしっかり休息をとり、一度心身をリセットするつもりだった。

「お風呂に入ってアラームもつけずに、体が欲するままに寝ようと。3時間くらいは寝ました」

日付が変わり、南アルプスへ向けて再スタート。市野瀬でしっかり休めたことで、体調は回復していた。

明るいうちに塩見岳を越えようと思っていた。塩見岳を18時過ぎに通過すると、眠気に見舞われた。この日のうちに三伏峠へ。3時間ほど仮眠し、再スタート。調子が戻り、翌5日目のうちに南アルプスを下山した。

畑薙第一ダムに下り、そこからのロードは涼しいうちに距離をかせごうと、仮眠をとらずに走った。右足の脛に突っ張るような感覚があったが、気にしないようにしていた。

「ここまで走ってきてどこも痛くないわけはない。どこか痛くて当たり前だろうと、あまり意識しないようにしました」

それでも、残りはまだ70kmだ。走れなくなることは避けたいと、歩幅を狭め、ペースを落として進んだ。

ここまで、行動計画より大幅に速いペースで進んでいた。

「田中正人さんの08年の優勝タイムが5日10時間32分。畑薙を過ぎて、このままのペースで行けばもしかしたら行けるかもしれない、と」

富士見峠を越え、あとは下りとフラットだ。気持ちを入れ直すも、脛の違和感が強くなっていた。

そして静岡駅まで3kmほどのあたりで、違和感が強烈な痛みへと変わった。

「肉離れみたいな、脛がバリッと割けたかのような痛みが走って。そこから走れなくなりました」

ゴールの大浜海岸までは、残り8kmほど。ここまで来たら、ゆっくり歩いてもゴールできるはずだ。渡部は痛む脚を引きずるようにして、一歩一歩、前進した。

静岡駅以降、道に迷った。事前にコースのほぼすべては試走、または下見をしていたが、大浜海岸から静岡駅の間だけ、一度も来たことがなかった。

「でも一番は、ゴールは初見にしたかったんです。とにかく海に向かっていけば大丈夫と思っていたけど、用水路とかがあって迂回したり、なかなか着かなくて……。ちゃんとしたルートを行かないと、意外に大回りになるんだと、最後にわかりました（笑）」

そして冒頭のゴールシーンへとつながる。

「何をどうしたって、2年間、遠回りしたことをよかったとは思わないが、遠回りしたおかげで強くなったと思えるようになりたくて頑張ってきた」

その努力がかたちとなった瞬間だった。

5日10時間52分、3位。初出場記録としては、望月が10年に初出場したときの記録（5日5時間22分）に次ぐ。歴代でも6番目となる好記録。だが本人はいたって冷静だ。

「3位という結果でしたけど、ほかに強い人が出ていたらまた変わるだろうし、順位にはそんなに価値を感じない。タイムに関しても、そのときの条件が変われば、結果も変わるので。でも当初の目標を上回る結果が得られたのはとても嬉しいし、地力以上のものを出せたのは応援のおかげなので、とても感謝しています」

次の目標はX－Alps出場

16年大会について「いろんな失敗もあったけど、自分の力は出し切ったので満足しています」と渡部は言う。

「実際に出てみて、やっぱりTJARはいいなと。また出たいなと思ったんですけど、もう1回出るとしたら、2回目のTJARは自分にとってどんな位置付けになるのか。やるなら、目的や目標を明確にして、ちゃんと準備して納得するレースをしたい。それは14年に抽選で落ちて出られなくて、悔しい苦しい思いをしたことが大きい。中途半端な気持ちで出ることはできないな、と……」

17年に入り、一度はTJARをめざすつもりでいた。夏山シーズンは、TJARに向けて山に通った。だが、同年10月、梼池で開催されたハイク&フライのレースに出たことで心境が変化した。

「X－Alpsをめざすといっても、それまでは何をどう頑張ればどこに繋がっていくのか、あまりイメージできていなかった。でも、レースで自分の課題が浮き彫りになったのと同時に、（憧れだった）X－Alpsへの道筋が少しだけ見えて、遠回りしていられない、という気持ちになった」

TJARをもう一度本気でやるためには、パラグライダーの練習時間をかなり削らなければならず、両立は難しい。どちらも中途半端にはしたくない。TJARへの挑戦は見送ることにした。新たな目標に向け、邁進中だ。

今後のTJARへの挑戦は、現時点では考えていない。

「16年をめざしていたときは、なぜ自分はTJARにこだわるのか、自問自答もたくさんしました。今はちゃんとやりきれたから、TJARへのこだわりはありません。大好きなレースですし、また出たいという気持ちもありますが、それは30人という限られた枠の一つを占めてまでこだわるものではありません。私は出場するまでにとても苦しい思いをしたので、TJARに出るということは私にとってはとても重いことなんです」

TJARに出て、応援が力になるのだと、強く感じた。今度は自分が応援する側で関わりたいと思っている。

渡部《わたべ》 祥《しょう》

1980年福島県生まれ。富山県在住。学生時代はフィールドホッケー部に所属。社会人になってから趣味で登山をするようになった。30歳頃からランニングを始め、数々のウルトラマラソンを完走。Rinjani100完　走（2018）、Tor des Geants完走（2017）。以上当時

※18年大会は南アルプスのスイーパーとして参加。19年には扇沢郁氏のサポートとしてX-Alpsへの同行を経験。現在は新たな目標を模索中。20年に子どもが生まれ、育児優先の日々（21年5月）。

船橋 智

5日20時間24分、5位　※4回目の出場

静岡駅以降は「早く終わりたい、終わらせたいという思いで必死に走った」。2年前には妻のお腹にいた、もうすぐ2歳になる娘がゴールで待っていてくれていると思うと、力が湧いた。

船橋 智は大浜海岸の砂浜に足を踏み入れると、最後の力を振り絞ってダッシュした。5日20時間24分、5位。4度目の挑戦で「夢の6日切り」を果たした。

14年大会後に誕生した長女の名前は「海南江《かなえ》」。海から南へ――。船橋が、海から南へ進んだ先のゴールで、妻と娘が待っていてくれた。ゴール後のインタビューでは、「海南江がここにいてくれて記念になりました。ありがとうございました」と、照れたように語った。

10年に初出場して以来、14年まで3大会連続で出場。12年大会からは実行委員に名を連ね、選手マーシャル（スタッフ兼選手）として参加している。

実行委員の役割としては、本業が経理職ということもあり、「お金まわりの管理」をメインに、中心的メンバーの飯島 浩、田中正人らをサポートしている。

10年大会は、初挑戦の舞台を楽しみ、6日17時間55分、5位。このレースへの適性があ

ることを示した。12年は、足のトラブル（マメ、靴擦れ、ふやけによる皺の痛み）に苦しんだ。「大いに地獄を味わった」と振り返るが、初挑戦時の記録を上回る6日14時間47分で5位。

台風直撃の14年は、暴風雨による停滞もありながら6日6時間54分、3位。抜群の安定感を誇る。

6日切りをめざし

「特別なことは何もしていない」

TJARに向けた取り組みを尋ねると、こう話す。基本的に平日は走らない。週末はレースを入れたり山に行ったりするが、家族の時間を優先させ、なるべく午前で切り上げて帰宅する。

「月間走行距離は頑張って200㎞いけばいいほうです。帰宅ランとかもしないですね」

TJAR選手としてはトレーニング量は少ない。その代わり、規則正しい生活など、日常でのルーティンを大事にしている。月に数回のレースは全力で取り組む。14年までの3大会は、いずれも悪天候。16年に向けては「夢の6日切りを果たしたい」と語っていた。

台風直撃の対応に追われた14年大会とは対象的に、16年は期間中を通して好天に恵まれた。16年も選手マーシャルとして出場したが、選手としてレースに集中することができた。

スタート後のロードは、暑さを感じながら、集団の中で快調なペースで進んだ。終盤では松浦和弘、男澤博樹と競るようにペースを上げ、馬場島に8番手前後で到着。「ロードで完全燃焼状態」で山岳セクションへ。

ロードの疲労で、早月尾根を「フラフラになりながら」登った。剣山《けんざん》荘以降は、松浦、新藤衛、北野聡とパックになり、先頭が入れ替わりながら、よいペースで進んだ。

「きつい登りも、前後に選手がいると『頑張ろう』と思えた」

スゴ乗越小屋に向かいながら、疲労の蓄積、体の重さを感じた。小屋でカップラーメンを食べるも、食欲がわかなかった。薬師岳からは、2年前の暴風雨を思い出しながら、スムーズに進んだ。

初日は薬師峠でビバーク。3時間の睡眠をとった。

2日目は深夜1時に行動再開。北野と、途中からは吉藤剛が合流し、黒部五郎小舎をめざした。その先の双六小屋には先行していた佐幸、雨宮、大原、松浦がいた。休憩後、北野とともに槍ヶ岳をめざす。西鎌《にしかま》尾根も順調に前進。槍ヶ岳山荘以降は単独となった。この後も暑さは感じていたが、北アルプスは調子よく進むことができた。

上高地のチェックポイントを15時45分に通過。交通量の多い時間帯のロード、トンネル地帯を「必死に走った」。

2日目は奈川の集落でビバーク。境峠を深夜に通過。早朝に開店前のスーパーまるとを通過。中央アルプスに向かうロードは体が重く、コンビニエンスストアでの朝食をモチベーションに進んだ。だがあいにく「買いたいと思っていたものがなく」、やや精神的なダメージを受けた。

木曽駒ヶ岳までの行程は、本来は「好きな登り」。だが、疲労なのか暑さからなのか、体が重く、思うように進むことができなかった。

「レース中は、調子が上がったり下がったりする。山と谷の、ちょうど谷が来てしまった感じでした」

先行する石田に追いつくことをめざしていたが、追いつかない。ペースが上がらずに進んでいると、後方から新藤、北野が追いついてきた。なんとか離されずについていこうと、食らいついた。

「このときが一番つらかった。新藤さん、北野さんのおかげで踏ん張れました」

宝剣岳、空木岳と2人を追い、リズムよく進んだ。苦手とする空木岳からの下りを終え、駒ヶ根へ。駐車場付近でビバークし、市野瀬をめざす。

市野瀬には4日目の早朝に到着。準備を整え、南アルプスへ。

毎回、市野瀬から地蔵尾根、仙丈ヶ岳、熊ノ平あたりまでは苦しい区間だというが、スムーズに進むことができた。

「過去3大会とも、このあたりで調子が悪くなるんです。自分にとっての鬼門。今回、初めて順調に行けました」

熊の平小屋でビバーク。再スタートし、5日目へ。朝4時頃、塩見岳の登りはきつく感じたが、ふと仙塩尾根を見やると、後続選手のヘッドライトの明りが見えた。

「みんな頑張っているんだな、と。自分も頑張ろうという気持ちになれました」

三伏峠小屋でカレーを食べ、荒川岳、赤石岳と越え、聖岳をめざす。聖岳には19時半に到着。途端に疲れを感じ、下りは苦痛の時間だった。

聖平《ひじりだいら》小屋まで下り、ビバーク。日付が変わった6日目の深夜0時半に出発し、茶臼小屋、横窪沢《よこくぼさわ》小屋と下る。

井川オートキャンプ場には9時半に到着。「6日切り」が視野に入り、以降のロードはひた走った。日が落ちてからは腹痛に見舞われ、ペースダウン。苦戦しながら進んでいたが、妻と娘が玉機《たましず》橋までサプライズ応援に来てくれて「力になった」。

静岡駅を過ぎてからは「早く終わりたい」という気持ちでラストスパート。そして大浜海岸へ。

目標としていた6日切りを達成。ゴールでは、仲間たちが好物のどら焼きで作った金メダルをかけてくれた。

「家族と仲間が待つ大浜海岸にちゃんとたどり着くことができて、目標としていた記録も達成できた。大満足のゴール」

前述のとおり、船橋の普段のトレーニングはＴＪＡＲ選手としては少ない。だが、トレーニングやレースのひとつひとつ、さらには日常生活を大事にしている。

「早起きするとか、お風呂上がりにストレッチするとか、日々のルーティンをきちんとやるのは相変わらずです」。妻の由美子さんは語る。さらに船橋について「計画を立てて、自分がやりやすいように段取りするのがうまい」と評する。

食生活も、特別なこだわりはないが、普段からヘルシーなものを好むという。

「カレーには鶏のささみを入れてほしいと言われます。鶏だったら、モモ肉より胸肉。もともと小食で、脂っこいものは好きじゃない。晩酌のおつまみは千切りキャベツ。豆類も好き。から揚げとかは、一人分の半分を残したり。女子みたいなんです（笑）」

レース中に補給するものは、あんこ、コモパン、バナナクーヘン。ジェルは「気持ち悪くなっちゃうから好きじゃない」と船橋。胃腸トラブルの経験はほとんどない。体が欲しないものは摂らないということも大きいのだろう。

レースに出るときは毎回「前回の自分を越えること」を意識している。実行委員としての価値も感じている。

「運営をやらせてもらって、選手として走らせてもらえるのはすごく贅沢。選手間の雰囲気、空気感を味わうことができる。それを運営側にフィードバックしたいですね」

船橋《ふなばし》 智《さとし》

1978年神奈川県相模原市（旧藤野町）出身、在住。高校時代は山岳部。大学時代から趣味としてランニングを始める。06年頃からトレイルレースにも参戦。日本山岳耐久レース（ハセツネCUP）は11回完走。TJARは10年から4大会連続完走（12年より実行委員メンバー）。職業は不動産会社経理（以上当時）。

※18年大会は6日6時間37分、自己最高位の2位でゴール（第5章参照）。
※19年GWは、16年完走の進藤らが主催の草レース「KLTR」（約400㎞）完走。

新藤衛

5日23時間31分、6位 ※初出場

全長415kmのTJAR、最後の砂浜に続く堤防の階段を上がると、ゴールのフラッグまでの80mほどの距離が「遠い……」と感じた。脚の痛みに耐え続けたレースだった。最後は激痛と疲労で、気持ちをしっかり持たなければ意識が飛ぶのではないかと思うほどだった。待ち受けていた仲間たちの声援を受けながら、歯を食いしばり、フラッグをめざした。

さまざまな思いを乗せてめざした完走。ゴールフラッグの下で、新藤はおもむろに一枚の写真を取り出した。写っているのは、TJARを共にめざしながら、13年に北アルプスで亡くなった〝先輩〟だ。天に写真を掲げ、完走を報告した。

「MTBの元日本代表」は自分への戒め

大阪出身・在住の生粋の関西人だ。MTBの元日本代表と聞いて、スポーツエリートの道を歩んできたのかと思いきや、意外にも、少年時代の新藤は体が小さく、体育の成績は常に「べったこ」（大阪弁でビリの意味）だったという。

「駆けっこはいつもビリ。自転車の補助輪も、周りのなかでいちばん遅くまで外せなかっ

た。乗れるようになったのは小学校2年か3年の頃ですよ。野球もやっていたけど、いつも球拾い。運動ができないことが当たり前すぎて、コンプレックスすら抱かなかった」

父はワンダーフォーゲル部出身、野外活動の指導員だった影響で、山に連れていってもらうこともあった。自然豊かな環境に身を置くことは好きだったが、それ以上に少年時代に好きだったのが、本を読むことだった。「本好きで、活字であれば辞書でもチラシでもなんでも読んでいた」と振り返る。

「競技」に打ち込んだのは、オートバイが最初だった。高校生の頃、時代はオートバイブームの最中だった。「周りに流されるように」免許を取得。友達と一緒にレースに出場したことがきっかけで、熱中するようになった。オートバイで遠出することも好きだった。ツーリングに合わせて、日本百名山の山に登った。

ところが、19歳のとき、オートバイ事故で頸椎損傷の大ケガを負う。入院は2カ月に及んだ。リハビリを2年続けた頃、ようやく回復の目途が立つと、医師から「筋力をつけるために運動をしたほうがいい」と勧められた。22歳のときだ。

新藤が興味を持ったのは自転車のロードレーサーだった。だが、サドルにまたがった姿勢は首への負担が強く、断念した。代わりに選択したのが、当時人気が出始めていたMTBだった。

最初はMTBに乗っているだけで楽しかったが、大阪で初開催されたレースに出場。結果は予選落ちに終わったが、「なぜかスイッチが入り」(新藤)、以来、MTBにのめり込んだ。周りに教えてくれる人も、教本や情報もないなか、試行錯誤でトレーニングを重ね、翌シーズンには地方レースで10勝を上げるまでに実力をつけた。トントン拍子で、スポンサーもつくようになり、翌年には全日本のトップカテゴリーに昇格。プロではなく仕事をしながらであったため、自転車の専門誌に「日本最速のサラリーマン」と、特集記事を組んでもらうまでになった。

全日本のトップカテゴリーで3年目のシーズン、代表選考レースで2位に入り、新藤は日本代表として世界選手権への出場を果たす。だが、競技生活は順調とはいかなかった。膝を痛め、数度、手術をした。代表入り後、2年間にわたり全日本選手権に出場したが、30歳で引退した。

新藤は振り返って語る。

「日本代表になったとはいえ、出場した世界選手権では予選落ち。日本国内では優勝したことはない。30歳になって『引退』という形をとりましたけど、失意の中でやめざるを得なかった。『挫折』ですよね」

その後10年間は、運動らしい運動から離れていた。ＭＴＢの世界選手権代表という、本来であれば輝かしい過去も、新藤にとっては苦い記憶でしかなかった。

「ＭＴＢの競技をやっていました、と自分から言えるようになるまで、10年かかりました。10年たってやっと、自分には才能がないのだということを受け入れられた。ＭＴＢの経歴は、才能がない自分への戒めなんです」

「才能がない」とまで言い切ってしまうのは、どうしてなのか——。

「競技をしていた頃は、24時間、ＭＴＢで強くなることしか考えていなかった。それを何年も何年も続けて、それでも日本で1番にもなれなかった。それは才能がなかったからだと、はっきりわかったんです」

42歳から始めたランニング

42歳で走り始めたきっかけは、町内の運動会で転倒してしまったことだった。

「よくおっさんが運動会で転ぶでしょう。お恥ずかしい話ですが、あんな感じで、足がもつれて転んでしまった。これはマズい、と」

引退して10年以上たち、競技に打ち込んでいた記憶が薄れてきた頃だった。家族で訪れた千里万博公園で、たまたま見つけたクロスカントリーレースのチラシに興味を持った。

「走ったこともないのに、試しに出てみようと思って、10㎞のクロスカントリーの大会に申し込んだんです。ＭＴＢ時代に膝を痛めているので、芝生なら脚にもやさしいかなと」

レースの10日前にランニングシューズを購入。練習らしい練習はほとんどしなかったが、当日は47分で完走した。いきなりのレースは苦しかったが、疾走感、ゴール後のすがすがしさは格別だった。すぐに次のレースに申し込んだ。

初マラソンは第1回京都マラソン。記録は3時間22分だった。

「最初の3年くらいは冬場しか走っていなかったんです。2回目のマラソンが3時間5分で、やっぱり冬場だけじゃあかんなと。年間走るようにしたら、3回目のマラソンでサブスリーを達成しました」

高校生の頃からオートバイのツーリングのついでに百名山を巡っていたように、山はもともと好きだった。日本アルプスの主な稜線は20代半ばまでに踏破していた。MTBのオフシーズンには冬山にも登っていた。MTBの引退と同時に登山もやめてしまっていたが、フルマラソンに取り組むようになった頃、登山も再開した。

11年秋、久しぶりにアルプスへ。北アルプスの笠ヶ岳に登った。このとき、山小屋で手に取った雑誌の記事で、TJARのことを知った。

「田中正人さんの記事だったと思います。こんなアホなことをやっている人はどんな人たちなんだろうと、興味を持ちました」(本人注：大阪弁の「アホ」とは、『自分にはできない』や『すごいこと』という好意的なニュアンス)

翌年、TJARの本戦に合わせて、黒部五郎小舎まで応援に行った。このとき、選手たちの行動時間の長さに驚愕した。

「小屋の人いわく、トップの選手(望月選手)は前の晩の20時に通過して、まだ走りたいからと槍ヶ岳に行ってしまった、と。20時でまだ走りたいとは……、理解しがたかった。」

その後、雨に打たれながら、続々とやってくる選手を間近に見て「自分とは無縁の世界」と感じた。だが、下山後、選手たちの移動速度を調べてみると、自分のペースとそう変わらないことがわかった。

「自分にも可能性はあるのではないか」。14年をめざしてみようという気持ちになった。

13年夏、同じく14年大会をめざす仲間2人とともに、参加要件を満たすため「実績づくり」に臨んでいた矢先、仲間の一人が北アルプス・穂高の稜線で滑落し、亡くなるという事故が起きた。仲間のもう一人、ハセツネ12年女子王者の佐藤光子と3人で北アルプスに入っているときのことだった。

「私と佐藤さんはTJARの本戦のルートをたどっていたんです。その先輩は、親不知《おやしらず》から後立山《うしろたてやま》連峰経由で上高地まで行くと。事前に先輩から相談があり、槍〜穂高の稜線にも行きたいと。8月のお盆の時期で人も多いし、何かのついでに行くような場所ではない。『やめときなはれ』と言ったんです。そのときは『わかった、そのまま上高地に下りるわ』と言っていたが、行ってしまった。あと少しで普通の登山道だったのに、滑落されて……」

新藤から見て、本来は決して無謀なタイプではなく、むしろ慎重でわきまえのある人だった。「そういう人でも山は一瞬で命を奪うんだなと……」。14年は、先輩を太平洋まで連れていく、と誓った。

ところが、14年の選考会は落選。地図読みの精度が不足していたことが理由だった。

「実際は、読めないのではなく、老眼が進んでいて見えなかった」

一緒に選考会に臨んだ佐藤光子さんも通過ならず。佐藤さんは最初で最後の挑戦と決めていた。新藤もその時は、もうやめよう、と思っていた。

再挑戦のきっかけは、14年大会後、ともに予選会を落選した男澤博樹が企画した「TJAR西日本慰労会」に参加したことだった。

「皆が苦労話を笑い飛ばしている姿に、一度あかんかったからとあきらめるのはあかんなと。同じく14年に落ちた男澤から『もう一度めざしましょう』と言われたのが大きかった」

次こそ、亡くなった先輩を太平洋に連れていく……。再び、新藤は心に誓った。

新藤の月間走行距離は、100〜150km程度と、TJARに出場するような選手としては少ない。

「ジョギングみたいにゆっくり走るのが嫌なんです。ついタイムトライアルみたいに走ってしまう」というのが理由の一つだろう。レースに出ることや、本人にとっては「遊び」だという「俺チャレ（俺のチャレンジ）」も、強さにつながっている。過去の「俺チャレ」では、太平洋（和歌山の新宮）を出発し、大峰奥駈《おくがけ》、ダイトレ、京都東山、比良《ひら》山系、高島トレイルを経て、日本海（福井の敦賀湾）まで430kmを5日間で踏破したこともある。六甲、京都、高島、熊野古道などロングトレイルの1DAY縦走（24時間）を行なうことも多い。

地図が「見えなかった」14年の選考会の反省から、16年の選考会は、老眼鏡とルーペまで用意して臨んだ。悪天候のなか、山行や地図読みは問題なくこなしたが、雨で軟らかくなった露営地でのシェルターのペグの固定がうまくいかなかった。

「もうダメだろう……」

あきらめていたが、結果は合格。

「合格を喜ぶより『出場が決まった、どうしよう』という気持ちのほうが大きかった」

当時の気持ちを、新藤はこう振り返る。

TJAR2016への出場が決まり、休みの日には中央アルプス、北アルプスに足を運び、本戦のコースの試走を重ねた。やるだけのことはやった、と手ごたえを感じていた矢先、両脚の膝痛に見舞われた。選考会の1週間前に痛めた膝が、選考会で悪化。1週間ほどで収まるだろうと思っていたが、本戦直前になっても痛みがとれず、不安を抱えたまま当日を迎えた。

いざスタートすると、体は動いた。北野聡、石田賢生らと前後しながらロードを走り、望月将悟、紺野裕一に次ぐ3番手で馬場島に到着。山岳パートに入ってからも、快調なペースで進んでいた。

完走の自信はあった。事前のシミュレーションで、3日目に中央アルプスを抜けられることはわかっていた。具体的な行動計画を立てるにあたり、スケジュールが合致したのが、12年の木村正文の記録だった（12年、5日20時間で3位）。順調であれば「6日間は切れるだろう」と思っていた。

想定どおりのペースで進んでいたが、初日から膝の痛みは感じていた。「北アルプスの下山までに、痛み止めは何錠必要だろうか」と考えるほどだったが、痛み止めを服用したとしても根本的によくなるわけではない。あくまでも最終手段のつもりだった。

2日目、槍ヶ岳からの下りではさっそく膝が悲鳴を上げた。横尾山荘手前の川でアイシングを施すと少し回復。「だましだまし（新藤）」上高地まで下山した。

序盤から、北野聡、斉藤聡之と前後していた。特に北野は同じ67年生まれで、子どもが2人という家族構成も同じで、話題が合った。

「北野さんとはスタートから5日目まで一緒になることが多く、子育て論だったり、いろいろ話しましたね。北野さんと一緒に進めたというのは大きかった」

3日目に中央アルプスへ。下山途中、ストックの置き忘れによる1時間半のロスがあったため、日付をまたいでしまったが、ロードを早朝の涼しい時間帯に通過し、市野瀬へ。ここでは大阪のトレイルラン仲間が、息子をサプライズで連れてきてくれていた。息子からの手紙に力をもらい、再出発。

南アルプスでは、明るい時間帯に越えたいと思っていた仙丈ヶ岳を夕方までに通過できたことにホッとした。さらに、NHKの撮影補助スタッフをしていたトレイルラン仲間の一人が、熊の平小屋で待っていてくれたことが大きな力になった。

「熊ノ平の前に、三峰《みぶ》岳を越えなければならない。夜の3000m峰は何があるかわからないので怖いんです。でも熊ノ平で仲間が待っていてくれる、と思うことで頑張れました。」

三伏峠には5日目の朝9時半に到着。膝の痛みは続いていたが、想定したペースで進み、日付が変わった6日目の朝、茶臼小屋で食事。これが最後のまともな食事となった。

下山中もひたすら痛みに耐え、最後のロードへ。

平坦な場所や登りは走れるが、下りは歩くのが精いっぱいだった。富士見峠を越え、横沢に向かって進んでいるうち、痛みで膝から下の感覚が麻痺してきたという。

横沢のバス停で水分補給をしたタイミングで、このレース中初めて痛み止めを服用した。薬の効果は抜群だった。

「まぁ効きましたね。めっちゃ走れるわ、と。キロ5分くらいかなと思ったら、仲間がペースを計ってくれて、キロ4分45秒やと(笑)。この調子で『静岡駅越えたらキロ4分で行ったるわ』と気合を入れていたんです」

しかし、そのペースに耐えられる足の状態ではなかった。

新東名の新静岡インターを過ぎ、補給のため立ち寄ったコンビニエンスストアでアクシデントは起きた。応援の人たちから声を掛けられ、写真を撮った際、後ろ向きに足を「ちょっと踏ん張った」瞬間、右足に激痛が走った。

「右足の肉離れでした。残り12kmのあたりですね」

以降は痛む足を引きずりながら、トボトボと歩くことしかできなくなった。

右足がこうなったのだから、左足もいつ同じ状態になるかわからない。そうなったら、果たして歩き続けられるのだろうか……。痛みと不安と戦いながら、一歩一歩、前進するしかなかった。

1キロが途方もなく長く感じた。市街地に向かうにつれて、応援は多くなった。そのなかには、トレイルラン仲間、14年大会を一緒にめざした佐藤光子、そして家族の姿もあった。当初、家族は来る予定ではなかったが、佐藤が「お子さんに見せなきゃダメよ」と妻を説き伏せ、連れて来てくれたのだった。

痛みと疲労で、油断すると意識が飛びそうになるなか、「左足がまだ残っているうちに」と、ただゴールをめざした。そしてようやく大浜海岸へ。

「(累積標高)何万メートルと登ってきたのに、最後の堤防の段差に四苦八苦し」、砂浜へ。痛む足を引きずり、最後の力を振り絞った。

ゴールの瞬間は、「ホッとして全身の力が抜けた」と新藤は言う。家族や仲間に出迎えられ、笑顔を見せた。

「先輩を太平洋まで連れていきたい」。その思いが叶った。

48歳での5日23時間31分は、6日切りの最年長記録となった。驚くことに、茶臼岳からゴールまでの記録は、優勝の望月や2位の紺野を上回っていた。茶臼小屋以降、固形物はとらず飲み物のみで乗り切ったという補給の少なさも特筆すべきだろう。普段のトレーニングでもあまり補給はしないという。

「幻覚も幻聴も何も見なかったし、TJARはこんなものか、と12㎞手前まで思っていた。12㎞手前でいきなり足が攣って(実際は肉離れ)、そこから本当に苦しかった。最後の12㎞、TJARを堪能しました。沿道の皆さんのあたたかい応援が励みになって、ここにたどりつけた。ありがとうございました」

ゴール後のインタビューで、新藤は穏やかな表情でそう語った。

何より嬉しかったのは、自分がゴールしたことで、大切な仲間や家族が喜んでくれたことだ。そして、そうした人たちへの思いを口にする。

「応援してくれた仲間、家族……。私が大切に思っている人、私を大切に思ってくれている人たちに本当に助けられた。今でも、感謝してもしきれない思いでいます。そして一緒に出場した選手たちにも感謝したい。同じ志の方と同じ時間を戦えたこと、それは本当に自分のモチベーションにもなりました」

「走ることはあまり好きではない。自転車もそんなに好きではなかった。僕はレースが好きなんです。他人と競うときに、鼻の奥がぶわーっと熱くなる感じがたまらない」と新藤は言う。

TJARの魅力を「旅のようなところ」と捉える選手は少なくないが、新藤にとっては、あくまでもTJARは「レース」だ。それも、耐久レースではなく、スプリントレースだと言う。

「普通に積み上げれば1カ月かかる道程を1週間で走破するとなると、スプリント、それも超々スプリントとして捉えています。ステージレースと考え、一日一日をゴールと想定した。6日間も好きなレースができて幸せでした」

18年の時点で、走り始めて8年になる。50歳を迎えて最初のマラソンとなった同年3月のＡＢＣ篠山マラソンで、２時間54分の自己ベストを出した。
「16年の自分を乗り越えているという時点で、（次のＴＪＡＲも）やらなあかんなと思ってい
ます。挑戦することに価値があるかなと」
出場することになれば、50代でのＴＪＡＲだ。

新藤《しんどう》 衛《まもる》

1967年生まれ、大阪府出身。10代の頃から関西の山々や日本アルプスに親しむ。元MTB日本代表。42歳のときに走り始め、トラック、ロード、トレイルランなどに取り組む。18年5月、Koboトレイル DtoK優勝、18年3月、ABC篠山マラソン2時間54分（以上当時）。

※18年大会は出場権を得たが、事情により出場辞退。本戦ではスイーパーを務めた。19年GWは関西のトレイルをつないで日本縦断する草レース「KLTR」（約400㎞）を主催。

北野聡

6日5時間9分、8位　※2回目の出場

大会7日目、8月13日の朝5時過ぎ、4年ぶりのTJAR出場となった北野聡が大浜海岸に姿を見せた。厚い雲に空が覆われ、少し薄暗いなか、笑顔でフィニッシュすると、数分前にゴールしたばかりの斉藤聡之と健闘を讃え合った。

体重が100kg近くなり……

日本アルプスの山々に囲まれた長野市に住む北野。出身は伊豆半島の付け根、静岡県三島市だ。中学、高校時代はサッカーに熱中。静岡といえばサッカーどころだ。「県の地区大会を勝ち上がっても、県大会で1回戦で負けるパターンが多かった」（北野）。

高校卒業後は北海道大学へ進学。探検部に入った。動機は「沢登りとか川下りに興味があったから」。学業の忙しさもあり、部としての活動は実質1年半くらいだったが、大雪山系の山に登ったり、シーカヤックで北海道の知床や積丹半島をまわることもあった。

大学院で博士号（水産学）を取得し、96年、就職で長野県へ。県庁に入庁し、県内の水生生物の生態を調査する自然保護研究所（現・環境保全研究所）の研究スタッフとなった。就職1年目に地元の山岳会に入った。登山のみならず、ロープなどの登攀用具を使った岩登り

など、基本から教わった。剱岳のバリエーションルートに登ることもあった。「どちらかというと沢登りがしたいと思っていたが、山の技術を基本からきちんと教わったおかげで、いろいろな状況に対応する術を身につけることができた」と北野。夏から冬まで毎週のように山に通っていたが、その後、結婚し家庭ができると徐々に山からは遠ざかった。

山岳会に入っていた頃から10年ほどたった06年、39歳の秋にランニングを始めた。よくある「太ってしまったから」というのが理由だ。

「山にも行かなくなり、運動もしないし、かなり太ってしまった。38歳のときに子どもを授かり、双子だったので育児が大変で、子どもの世話のために妻の実家で僕もしばらくお世話になって。お義父さんと毎晩晩酌していたら体重が増えて、１００kg近くになった。これはまずいと感じて、走り始めたんです」

徐々に走れる距離が延び、体重も落ち、大会にも参加するようになった。

「最初は5時間かかったフルマラソンが、2、3年したら3時間を切れるくらいになって、順調にのめり込みました（笑）」

トレーニングの基本は、自宅から職場までの片道約13kmの通勤ランニング。月間走行距離は３００kmほどだ。

09年頃からはトレイルランも始めた。ＴＪＡＲを知ったのはこの頃だ。北野の自宅からほど近い場所に、トレイルランナーによく知られる山岳ショップ「信州トレイルマウンテン」があった。店長の奥野博士さんは、10年と12年、ＴＪＡＲに出場し完走している。北野にとって身近な存在の奥野さんが10年大会に出場し、完走したことで、興味を持った。

「山もかじっていたので、技術的にはなんとかなるかなと。奥野さんにできるなら僕にもできるかなと（笑）」

思いもよらなかった病気

12年大会に向け、いざ準備を始めると、迷いも出た。

「参加資格をクリアするために書類を用意し始めたものの、参加基準ギリギリだなと迷うところもあったり……。実力が高い人も出ているし、もう少し力をつけてから出たほうがいいかなという気もしていた」

ちょうどその頃、北野の身に予想しなかったことが起きる。12年2月、甲状腺癌が見つかったのだ。

「それまで、体の不調を感じることはまったくなかった。人間ドックで、首の下の甲状腺が腫れているから精密検査を受けましょう、と」

日常的に運動し、健康には自信があっただけに、ショックは大きかった。

「思いもよらなかったですね。突然『癌だ』と言われて入院することになって……。母も甲状腺の疾患で手術したことがあるので、遺伝的な要因もあるのかもしれないけど、かなり動揺しました」

3月末に手術し、10日ほど入院した。甲状腺癌は、予後が良好な腫瘍とされているものの、癌であることには間違いない。

「喉の傷口が腫れたり、全身麻酔しているので、しばらく思うように体が動かないところもあった」

だがこの病気が、北野のＴＪＡＲ挑戦への後押しとなった。

「このときに、やりたいことがあったら、躊躇しないでやったほうがいいかなと思ったんです。最終的には、自分の体の変調を経験したなかで、挑戦してみようと」

12年大会への挑戦を決意した。

45歳で臨んだ初のＴＪＡＲ

退院してわずか2週間後、北野はエントリーしていた長野マラソンに出場、完走したというから驚かされる。

「せっかくエントリーしていたし、コースは自宅の近くだから、何かあればリタイアすればいいかなと。タイムは3時間10分くらい。ベストからは遠かったけど、練習を積めばまた戻るかな、という手ごたえは感じましたね」

5月には第1回ＵＴＭＦに出場、自身初の１００マイルレースを完走。そして6月、「しっかり準備をして」(北野)ＴＪＡＲの選考会に挑んだ。

選考会を通過し、ＴＪＡＲへの出場が決まった。大会にはＮＨＫの撮影が入ることになり、北野も事前取材を受けた。

「家にも取材カメラが来て、後には引けなくなった（笑）」

45歳で挑んだTJAR。「初めてだったので、ペースが合いそうな人についていこうと思っていた」と気負いはなかった。

レース開催期間中は、何度か雨が降り、北アルプスでは風雨が選手たちを苦しめる場面もあったが「そのときをやり過ごしたらその後にホッとできる日がある、みたいな感じだった」（北野）。足裏の水ぶくれ、マメが潰れるなどのトラブルに見舞われたが、山岳区間は思い描いていたペースで進むことができた。

南アルプスを下山する時点で、6位と好位置につけていた。残すは85kmのロードだ。

「畑薙ダムに下りてから、パッタリ進めなくなってしまって。暑さもあってか、脚が急にむくみはじめて、（むくみをとるために）1時間に1回は、体を横にして足を高く上げる、ということをやらないと進めなくなってしまった」

大幅にペースダウンし「完走は危ういかな……」という思いさえよぎった。

そのとき、応援者から後続の選手が迫っているという情報を伝えられた。この大会からGPSが導入され、選手の位置情報がわかるようになっていたのだ。

「20分くらい後ろに選手が来てるよ、と言われて。せっかくいい位置にいるのに、ここで抜かれたら悔しいなと思って、走ってみたら、痛む足でも意外と走れたんです。後ろの選手に自分の背中を見られないようにしようと、必死に逃げました（笑）」

このとき「自分が考えていた限界の先に、本当の限界はあるんだなと実感した」と北野は言う。大浜海岸まで順位を守り、6日20時間27分でゴールした。

「ゴールして、すごく喜びがあったけど、最後のロードがグダグダになってしまって、もう少しできたんじゃないかというのもありました。ルートがわかっているとか、経験すると有利な大会ですよね。しばらくしたら、もう一度挑戦してみたいなという気持ちになりました」

2年後の14年大会は、前大会完走者として、選考会のスタッフをやることで出場資格を得られることになっていた。だが、選考会通過者が多く、抽選で落選。

「残念でしたけど、(12年4位の)小野(雅弘)さんとか、力がある人も落ちていたし、仕方ないなと……。実は、いざ14年大会を前にして、自分としては本当に出たいのかよくわからなかったんです。優先エントリー権があるから手続きはしたけど、惰性で出ようとしているだけじゃないのかなと……」

14年大会は、大会史上最悪の天候となった。信州トレマン主催の「ツールド信州」に参加していた北野は、TJARの選手たちとほぼ同じ日程で北アルプスの山中にいた。ツールド信州の一部区間に参加した後は、TJARの応援で市野瀬に向かった。

「みんなボロボロに見えた」と北野は言う。それでもそれぞれの限界に挑む選手たちの姿を見ると、心が動いた。「また出たいなという気持ちにもなりました」。

16年大会に向けては、一からのスタートだった。

「過去を引きずらずに、皆さんと同じ条件で選考会からの参加。気兼ねなく挑戦できた」

と北野は言う。選考会は悪天候となったが、実力を出し切った。

選考会を無事通過し、抽選がなくなったことで、2度目の出場が決まった。

「きっとまた抽選になるだろうなと思っていましたけど、（出場が決まって）よかったです」

4年ぶり2度目のTJAR

2度目のTJARに臨むにあたり、装備などはあえて変えたくなかったと北野は言う。

「いいものを取り入れたいというのももちろんありますが、装備をよくしたからタイムが上がったというのではなく、装備に頼り過ぎずに走り切りたい。そのほうが自分の成長が実感できるんじゃないかなと」

16年大会に挑戦する時点で、北野は49歳。12年大会、当時44歳で3位に入った木村正文の記録（5日20時間49分）を目標にしていた。

16年本戦は、初日から厳しい暑さとなった。

「スタート前から暑くて、開会式から汗だくでした。スタートから新藤さんとけっこう飛ばしたので、もう全身、靴の中まで汗でびっしょりでした」

山岳区間に入ってからは新藤、船橋智、松浦和弘らと前後しながら進んだ。

初日は薬師峠で4時間の睡眠をとった。

2日目も好天のなか、順調に進んでいたが、登りになるとほかの選手からやや遅れをとった。槍ヶ岳山荘を越え、下りで挽回しようと早歩きで下った際、足先を石にぶつけるアクシデント。その後、この箇所にマメができてしまい、後半に響くことになった。

上高地のチェックポイントを15時半に通過。足先にできたマメを処置し、ロードへ。新藤とともにトンネル地帯を進み、奈川ダムを過ぎた先の公園で仮眠。

3日目も新藤とともに行動を開始。中央アルプスへ。船橋も合流し、好天のなかを進む。宝剣山荘では足指のマメのケアを施した。

夜間に下山し、菅の台でビバーク。4日目、日が昇る前の涼しい時間帯にロードを進み、朝6時過ぎに市野瀬へ。

バックパックの交換、擦り傷等のテーピング処置等、準備を整え、単独で再スタート。地蔵尾根の途中、休息中に斉藤にパスされるが、その後追いつくと、以降はしばらく行動をともにした。「仙丈ヶ岳からの稜線は、夜間で、2人ともけっこう疲れている状態だったけど、話しながら進むことで気がまぎれました」。

三峰岳の鎖場でつまずいて右胸を強打するアクシデント。ヒヤリとしたものの大事にはいたらず。この日は熊の平で4時間ほど睡眠。翌5日目も好天の絶景のなかの前進となり、塩見岳山頂では前後していた斉藤と合流し、記念写真を撮った。

「天候に恵まれた分だけ、余裕を持って進むことができた。暑さは厳しかったけど、夜も、しっかり休めたり、行動しやすいというのは大きかった」

そう北野は振り返る。だが、北アルプスでぶつけた足先が悪化。痛みも強くなっていた。

休憩の際には足先のケアを施した。赤石岳を過ぎ、百間洞《ひゃっけんぼら》では明るいうちにビバークを決め、5時間と最後のまとまった睡眠をとった。

6日目、日付が変わってすぐに再スタート。コースのミスやロスもありながら、顔見知りの人たちの応援を受け、歩を進めた。茶臼小屋からの下りでは、ゆっくり下らざるをえない状況だった。

「足先、特に右薬指と左人差し指、爪下が痛くて、思うように進めなくなった。少しずつ（目標としていた）木村さんのタイムから遅れ始めて、最後のロードに出たところであきらめちゃいました」

井川オートキャンプ場の通過は15時半。井川ダムを過ぎたところで、痛む足先をテーピングで固めた。

残りのロードを走ろうとするも、小石や枝につまずき、激痛が走った。「走るのをあきらめ、ストックを取り出してパワーウォークへと切り替えた」。

途中、長野県から車で駆けつけた妻と小6の双子の子どもたちの応援を受けた。足先の痛みで、思うようにペースが上がらないなか、とにかく前をめざした。

そして朝5時を回り、大浜海岸へ。数分前にゴールした斉藤と健闘を讃え合い、一緒に写真に納まった。北野の記録は6日5時間9分。12年大会の記録を15時間短縮した。

母の訃報

ゴール後、妻から母の訃報を知らされた。亡くなったのは前日だったが、すぐに知らされなかったのは、ゴール間近の北野がレースに集中できるようにという、亡き母の遺志を受けた妻の配慮だったのだろう。北野は家族とともに、すぐに三島の実家へ向かった。

12年大会、母は家族らと応援に駆け付けてくれた。そのときの様子はテレビでも放映された。北野の姿を確認すると、母は嬉しそうな表情を見せ、明るく声援を送る。「ご飯食べた?」との声掛けに「食べたよ」と答える北野。家族の前を過ぎ、山道に入っていく北野の背に向かって、母が「転ぶでないよ」と声を掛け、北野が「もう何百回と転んでるよ」と応じた。短いやり取りではあったが、ぐっとくる場面だった。

明るい母だった。数年前から闘病しており、16年大会は4年前のように応援に来ることはできなかったが、北野は母にTJARに再び挑戦することを告げていた。その際、少し気になることがあった。

「(12年放映の)あのとおり、母親は明るい人。あまりストップをかけるようなことも言わないんですけど、TJARにもう1回出ることを伝えたら、『家族に心配かけないようにしなさい』と。止められたわけでもないけど、頑張れという感じでもなかった。ちょっといつもと違うなという感じはしていた……」

何かの虫の知らせだったのだろうか。ゴールしたら、母が入院する病院にレースの報告に行こうと思っていた。「こんなに早く逝くとは思わなかった」と北野は言う。それでも

〈最後までレースを走らせてくれた母に感謝したい〉——報告書には、そう記した。

TJARは魅力的で挑戦しがいのあるルート

2度完走して、改めて感じることは……。

「日本海から太平洋まで、アルプスをつないで走る。創始者の岩瀬幹生さんが考え抜かれた美しい一本のライン、挑戦しがいのある魅力的なルートですよね。2年に1回しかないレース。また走りたい気持ちもあるし、ほかにも出たい人も大勢いますから、2回も完走すれば十分だろうという気持ちもありますが、大会自体は続いてほしいなと。出なくても、支える立場で関わっていきたいですね」

「もともと飽きっぽい性格なんですけど、走ることは続いている」と北野は言う。

走り始めて12年目。フルマラソンのサブスリー（3時間切り）は通算24回、09年から毎年、年1～3回達成し続けている。

これからも自分の限界に挑戦することは続けていくつもりだ。

北野《きたの》 聡《さとし》

67年生まれ、長野県在住。12年からは視覚障がい者の伴走活動にも力を入れる。17年、KOUMI 100 Miles（28時間21分）13位完走。日本山岳耐久レース（ベスト9時間23分、13年）。以上当時。

※18年大会は抽選で落選、本戦ではスイーパーを務めた。19年GWには16年完走の新藤らが企画した「KLTR」に参加し完走（21年5月）。

第5章 TJAR2018を振り返る

TJAR2018

特別対談　岩瀬幹生×望月将悟

収録＝18年5月

TJARの創始者である岩瀬幹生は、08年を最後に本戦のレースを退き、現在は実行委員会の顧問として名を連ねる。10年以降は実際の運営からも退いたが、本戦では現地に駆け付け、選手たちに熱いエールを送っている。18年大会を前に、岩瀬と望月が語り合った。

岩瀬　何年か前に、私の所属する愛知県山岳連盟の講演会の講師として望月君をお招きして、お話ししていただきましたね。ありがとうございました。あの講演会は大盛況でした。

望月　こちらこそ、その節は、ありがとうございました。

岩瀬　望月君が山を走るようになったのは、国体の山岳競技（※）からですか？

望月　そうです。僕は学生時代に山岳部に所属していたとかではなくて、国体からですね。

国体に出るようになったのは、職場の先輩に南アルプスに連れて行ってもらったのがきっかけです。2泊3日で、北岳から茶臼岳に抜ける行程でした。

岩瀬　初めてで、その行程は大変だったのでは？

望月　稜線のずっと先を見て「あんな遠くまで行くのか」とびっくりしたのを思い出します。けっこう軽装で、山小屋泊だったので荷物も少なかった。走るというよりは早歩きでしたけど、クタクタになりました。

岩瀬　そういう先輩がいると、実力がググッ！と伸びますよね。

望月将悟（右）、岩瀬幹生（左）

望月　知らない間に伸びたということはありますね。その先輩から「それだけ歩けるなら、国体の山岳競技に挑戦したらどうだ」と言われて興味を持ちました。そんな競技があるんだ、と。時期は被っていないけど、岩瀬さんも国体に出られたり、愛知県チームの監督をされていたのですよね。

岩瀬　10年間くらい出ていましたね。選手・監督としては、94年の愛知国体が最後だったかな。国体の山岳競技の種目に縦走があった時代も、競技の内容は少しずつ変わっていますね。私が選手だった時代は、3時間くらいかかる距離を、3人で55～75kgの荷物を背負って、3人同時にゴールしないといけなかった。望月君の頃は、3人揃ってではなく、個人のタイムレースで、合計タイムで順位がつくんでしたよね。

望月　そうです。僕は99年くらいから出ていて、その年によって変動はありましけど、重さは17kgくらいで、みんなが共通の重さを背負ってのスピード競技でした。

岩瀬　コースは、登り一辺倒でしょう。ほぼ全力で、きついですよね。でもあの競技を経験していると、山で少しくらい重い荷物も気にならない。

望月　そう思います。今はもう国体山岳競技は、ボルダリング競技とリード競技のみになってしまっているけど、あれを経験させてもらったのはよかった。良い時代を通ることができたと思っています。

※　18年現在、国体の山岳競技は、フリークライミングのリード競技とボルダリング競技の2種目のみ。

自分のことは自分で守る

岩瀬　ＴＪＡＲは、望月君の故郷である井川を通る。南（アルプス）に入ると、故郷が近づいてくる。あれは嬉しいでしょう。

望月　嬉しいですね。最初に出たときはＧＰＳはなかったから、井川で応援してくれる人たちを何時間も待たせてしまった。でもちょうどお盆で、井川を出て行った子たちもみんな帰ってきていて、僕が来るのを待っている間に「あそこのうちの子は大きくなった」とか会話を楽しんでくれていたみたいで。「待たせてごめん」と言ったら「いや、待ってるのも楽しかったよ」と。そういうのは嬉しいですね。

岩瀬　村の人たちが総出で迎えてくれるんだから、嬉しいですよねぇ。

望月　岩瀬さんがやっていた頃に比べたら、本当に恵まれていますよね。山の中の応援も多いし。岩瀬さんたちの頃は、今のように知られていなかったし、応援もなかった時代だから、もっと過酷だったと思う。

岩瀬　確かに過酷だったね。今ではGPSで選手の位置情報がわかるのは素晴らしい。SNSで情報がドッサリ入って来るのも嬉しい。あれでファンが応援してくれるしね。安全も守られている。選手の立場としては嫌ではない？　レース中に見ることはある？

望月　僕はレース中は見ないので、あまり気にならないですね。GPSがつくようになったこともそうだけど、TJARもいろいろ変わってきましたよね。僕は10年から参加しているけど、その頃のTJARを経験できてよかったなと。

岩瀬　10年からも、変わってきているのを感じる？

望月　だいぶ変わってきていると感じます。

岩瀬　僕はもう大会運営から足を洗って、飯島（浩）君たちにまかせているけど、僕たちがやっていた頃とは、別ものになっている感じがします。今は、自分で判断しないといけない局面が少なくなっている気がします。事前の情報も多いし、ある程度、力のある人であれば完走できて当たり前、くらいの時代になったのではないかと。そうなると、タイムにこだわったり、どんどん競技性が強くなっていく気がします。

望月　僕が言うのもおかしいかもしれないけど、最近は、メディアとかも優勝者とか記録にこだわりすぎている気がしますね。このままいって、トレランの人とかスピードがある人がどんどん入ってきたら、速さばかりが注目されることにならないかなと……。

岩瀬　タイムは、年齢がいくと落ちてきてしまうでしょう。そうするとやめちゃう人もいる。山での楽しみがなくなっちゃうよね。

望月　トレイルランでも、優勝をめざすとか入賞できるから楽しさもある。そういう楽しみ方もあると思うんです。でもＴＪＡＲはアルプスの景色だったり、登山者を思いやるとか、仲間のことを気にかけるとか、そういう良さがある。参加する選手それぞれの目標があって、ゴールできた人は、みんなすごいんじゃないかなと。やっぱりＴＪＡＲ本来の良さは、なくなってほしくないですね。

岩瀬　山でどれだけ楽しめるかというようなね。山のスタイルはいろいろあるから、それぞれが自分を見つめて、自分に挑戦するレースであってほしいですね。

望月君は注目もされるから、毎回、プレッシャーもあるでしょう。ＴＪＡＲに挑む気持ちも、その都度、変化があるのでは？

望月　自分の中でのチャレンジの仕方は、いろいろ変わりましたね。やっぱり最初に出た10年がいちばん大変だった。次はこうしたい、と、出るたびに課題が生まれます。

岩瀬　あそこでの行動をこう変えようとか、次から次に出てくるよね。

望月　僕の場合は、一時期、応援してくれる人の期待に応えなきゃ、という思いが強くなってしまったことがあった。自己への挑戦、という岩瀬さんのスピリットとは離れてきた

な と……。16年のときは、そういうことよりも、自分のために走ろうと。

実はもう一度、今年出たいと思っているんです。僕は16年に5日間を切って優勝できたけど、タイムなんてあとからついてくるものだから、どうでもいいと思っています。次に挑戦するときは、たぶん最後になると思うから、走り方をちょっと考えたいですね。やっぱり自分にとってはワクワクするレースなんです。まわりは5連覇とかいうけど、自分ではそういうつもりはないですね。そのなかで、何を求めて挑戦するのか……。葛藤もありますけど、これから考えたいと思います。

トレイルランはマラソンの延長？

望月 最近、トレイルランニングが盛んになって、課題は多いですよね。僕は20代の頃からトレイルランをやってきて、トレイルランは登山の延長だとずっと思っていたんです。登山の手段の一つだと。でも、今の世間の捉えられ方は、マラソンに近いんだなと……。

岩瀬 トレランの主催者が、大会に参加する選手たちに、山での常識やマナーなども教えてくれればいいと思うけれど、そういう大会はあまり多くないですね。大会に参加する選手たちのなかには、何番に入ろうとか、タイムとか、そういうことしか頭にない人もいる。マナーについてまで考えられる人がどのくらいいるのか……。

望月 このままいったら、大会で事故があったら、本人が悪いのではなく、大会主催者側に責任がある、という時代になりつつありますよね。

岩瀬　悲しいけど、僕も、ゆくゆくはそうなるだろうなと思っていた。ロードのマラソンでは、何も持たなくて良い。給水所がたくさんあり、救護所があり、事あれば救急車が駆けつけて病院まで搬送してくれる。このようなイメージが、そのまま山にも持ち込まれつつある。トレイルランナーの安全を、大会主催者がカバーしようとする。

望月　主催側もお金を払ってもらう以上は、安全に事故なくやるのが絶対だ、と。でも、選手の立場としては、主催者側に全部をまかせるのは違うと思います。あるトレイルランニングフォーラムで「事故が起きたら大会主催者の責任だ」という意見が出ていたんです。僕はそれがショックだった。事故のない大会をめざすべき、主催者側も気をつけろよ、ということかもしれないけど、トレイルランナーも自分で考えようよ、と言いたい。

岩瀬　そうだよね、何も考えずに大会に出ているトレイルランナーはけっこう多いんじゃないかな。山に入れば自己責任。そこを意識しているのかどうか……。意識して欲しいですね。

望月　軽装でスピードを追求するスタイルもあるし、好きでやっている人たちに対して規制することもないと思うけど、何か事故があったときに悲しむのは家族だったり、周りの人たち。スピードばかりを意識するのではなく、心が豊かになるような登山にも目を向けて欲しい。えらそうなことを言うつもりはなくて。どんなに真摯に山に向き合っても、事故は絶対にないとは言えないですから。僕だって、落ちることだってあるかもしれない。

岩瀬　トレイルランナーは、景色を見ていない人もいるからね。せっかく山に登るんだから、競うだけではなく山を楽しんでもらいたいし、登山者に配慮する心を持ってほしいね。

望月　競うことやスピードばかりを重視していると、自分の体力が落ちたり、人と競って負けるようになったら、その人は山をやめてしまうじゃないかなと。そうなるのは残念ですよね。山に入れば、入った分のメッセージを受けたり、山から教えてもらえることがあるはず。山をずっと好きでいてほしいと思う。初めて山に行く人を連れていくと、山頂についたときにすごく感動してくれたり、「また登りたい」と言ってくれたりする。そういう良い表情を見ると、僕もすごく嬉しい。

岩瀬　山の楽しさを感じて欲しいし、そういう人たちを増やしていきたいですね。

単独行から学ぶこと

岩瀬　望月君が昨年やった「ぐるり静岡」(※)はすごいなと思いましたよ。ああいう発想、挑戦ができるのは、素晴らしい。かなり下調べをしたのでは?

望月　ありがとうございます。そうですね、けっこう下調べはしましたね。道がないところもあるので、現地にも足を運びました。

岩瀬　道の分岐とか、夜間の行動を見越してポイントを押さえる必要がありますもんね。天候も悪かったし、TJARより厳しかったのでは?

望月　はい、TJARよりも大変でしたね(苦笑)。

岩瀬　そうでしょう。応援はけっこうあったんですか?

望月　スタートとゴールは、けっこう人が集まってくれました。しかし山の中は、ほぼ単独ですね。孤独感とかもつらかったです。自分と向き合う時間がすごく多かったですね。

岩瀬　このようなチャレンジは、自分と真剣に向き合わないと、なかなか大変だよね。道中は順調だった？

望月　熊が出てきたり、水を落としてしまったり、いろいろありました。初日からめちゃめちゃ暑くて。その後、接岨峡（温泉）から入って大無間山《だいむげん》から光《てかり》（岳）に向かう途中で水を落としてしまって。水場もしばらくなくて、どうしようかと……。ずっと下のほうから（沢の）水の音はするんだけど（笑）。これで下りても、もしそこで水が汲めなかったら、また登ってこないといけない。そう考えたら、残った水分量を考えて、ゆっくり進んだほうがいいなと。やっと光（岳）について、水場で飲んだ水がめちゃくちゃうまかった（笑）。でもまぁ、アクシデントも、乗り切れればアクシデントじゃなくなるというか。

岩瀬　対処できれば自分の自信になるよね。水がなければ、こうしたら乗り切れた。その経験が、次にもつながるし。

望月　そうなんです。一人でやるのは良い面もつらい面もありますね。

岩瀬　一人だと、つらいよね。怖いし、不安になる。自分の弱い面がモロに出てきちゃうから。何やかんや、理由をつけて止めたくなるよね（笑）。自分の判断力も試される。行くか、戻るか、ビバークするか……。

望月　自分がやりたくてやっているだけなんだから、やめるのは簡単なんですけどね。だいたい、つらくて止めたくなる頃には半分くらい来ている。「ぐるり静岡」のときは、道がないようなところも多くて、道があるところって、どれだけ歩きやすいんだと思い知らされました。

岩瀬 下のほうに行くと、そこら中に獣道や廃道がたくさんあるから難しいよね。この道、大丈夫かな?とか。悪天候で土砂降りのなかで、夜になり暗くなったりすると、道がまったくわからないよね。

望月 そういうのを本当に感じました。「ぐるり静岡」のとき、間ノ岳まで行って、静岡の市街地まで戻ってきたときに、なんて平和なんだろう、とホッとしました。道があるし、街の灯りが見えて。大げさじゃなく、「生きててよかった」と(笑)。

岩瀬 そうそう、ホッとしますよね。道を間違えたり、「ヤバイな!」と感じたら、すぐに戻ることが一番。

望月 最近、その判断は早くなりました。「ヤバイ!」と感じたら、すぐ(笑)。下り過ぎたりすると、そこをまた登り返さないといけないのは大変だし。

岩瀬 僕も昨年、北岳から廃道となった道を下りていく途中で日が落ちて、道がわからなくなったことがあった。沢での徒渉ポイントが、いくら探しても見つけられない。あと30分も歩けば小屋に着くと思うのだが……。「明るくなるまで、動くのはやめよう」と、その場ですぐさまツエルトビバークした。下り過ぎると戻るに戻れなくなるし、無理しちゃいけないと。今ではそういう判断がすぐにできるようになったけど、やっぱり、いろんな修

羅場をぐぐってこないと、とっさの判断なんてできないんだよね（笑）

望月　よくわかります（笑）。僕も同じような経験はありますね。迷って迷って、にっちもさっちもいかなくなるようなときはだいたい夜なので、動かないに限る。明るくなると、「あれっ？ ここだったんだ」なんて、大したことがなかったりしますよね。夜の怖さというのはやっぱりありますよね。危険度も高いし。

岩瀬　本当に、そうだよね。最低限、一晩過ごせる装備、カッパ、ライト、防寒具、ツエルトくらいは持っていないと。特に3000m級の日本アルプスに行く人は、装備をしっかり持ってほしいですね。明るいうちはなんとかなっても、タンクトップと短パンでは、一晩は過ごせないからねえ。

※望月が「もっと身近で、かつ強烈なチャレンジ」として考案し、17年7月、静岡市境をぐるり一周する「AROUND SHIZUOKA ZERO」（通称ASZまたは「ぐるり静岡市」）に挑んだ。「ASZ」は総距離235km、累積標高差2万3000m。望月は5日以内（＋予備日1日）の目標を立て、4日間20時間28分で走破した。

情報化時代に気をつけたいこと

岩瀬　「ぐるり静岡」のレース化はどうですか？（笑）

望月　やりたい人がやってくれれば（笑）。でも一つ線をつなげたら、何かが生まれるんじゃないかなと。コースの半分やる人もいるからもしれないし。ピストンでここまで行ってみようとか。そういうことにつながればいいなという思いもありました。

岩瀬　それによって、新しいチャレンジが生まれるよね。

望月　そう、そういうことにつながればいいなとは思います。今、ＳＮＳで気軽に発信もできますからね。

岩瀬　今の時代は、ＳＮＳでも情報がいっぱい入ってくるからね。いろんな人の投稿を見て、元気をもらえたり、次の発想のヒントとなることもある。その一方で、情報が入りすぎるところはありますね。その見極めには気をつけないと。条件が揃っているからこそできてしまう。しかし雨や風では、やばいんじゃないの、ということもあるから。

望月　本当に、そう思いますね。最近気になっていることがあるんですけど、アルプスとかの山は、夏に何度か入って道や雰囲気を覚えてから、冬に入るのが本来のプロセスですよね。

岩瀬　そうでないと怖いし、危険ですよね。

望月　でも最近、いきなり冬山に入る人が増えた気がします。景色が良いところをめざしていく。

岩瀬　それは怖い。救助隊として山に入っていても、感じますか？

望月　そうですね。耳に入ってくる会話でも「初めてなんだけど、○○まで行きたい」と。誰か経験者に連れて行ってもらうならわかるけど、そうじゃなかったりするので、危険だなと。

岩瀬　冬山の経験をしていると、怖さがわかりますよね。

望月　そうなんです。天気が良い日とか、条件が良ければ、初めてでも行けるのかもしれない。でも、悪天候だったらどうなるかわからない。SNSとかで誰かがアップしているきれいな景色の写真を見て、自分も行きたい、行けそうだ、と簡単に思ってしまうこともあるのかなと。

岩瀬　ただ流れてくる情報を鵜呑みにして、自分もできると思うのは本当に危険ですね。最悪のことを考えて、アクシデントが起きたときにどうしたらいいか、というところまで考えられないといけない。自分の力量に合っているのかどうか、そこの判断ができないと、本当の意味での生死に関わりますね。良い情報もあるけれど、悪い情報もある。うその情報もあるかもしれない。自分の経験やスキルから情報をしっかり分析して、情報の判断が正しくできる力を養っていくことも大切な事のように思う。

望月　岩瀬さんは、海外の経験も豊富だから、それこそいろいろ経験されているのでは？

岩瀬　ヤバイ経験や体験が、てんこ盛りですよ。34年前に初めてヒマラヤ・アンナプルナⅢ（7555m）に登りに行ったとき、目の前でブロック雪崩をくらって仲間が3〜5人吹っ飛んだ。この中の1人は、いまだに遺体も見つかっていないですね。テントピーク（5663m）に登頂して下山途中、ヒドンクレバスにストンと落ちてしまったこともあります。底があったからなんとか助かった。国内では、厳冬期の南アルプスで凍傷になり、手足の指合計15本を切り刻んでしまった。とくに左足は、グーなんですよ（指が5本とも根元から欠落）。銭湯にいったとき、ちょっと格好悪い（苦笑）。指は失ったけど、なんとか今も生きています（笑）。生かされているんだから、その恩返しとして、次世代の人、望月さんみたいな人に、経験や思いを繋いでいきたいと思っています。

望月　いや、すごい体験をされていますね……。僕らの世代は、繋いでもらったことを、これからにつなげていきたいですね。今日はありがとうございました。

望月将悟、「山の原点に戻って」ＴＪＡＲに挑戦

現在4連覇中で、16年大会には4日間23時間52分という大会記録を打ち立てた望月将悟が、5度目のＴＪＡＲに挑む。

5連覇やさらなる新記録を期待する声も出るなか、望月は今大会、これまでやることのなかった「山の原点に戻ったチャレンジ」を掲げた。

ＴＪＡＲ直前に望月にインタビューし、18年大会に臨む心境を語ってもらった。

——もうすぐ2年に一度のＴＪＡＲが始まります。望月さんにとって5度目のＴＪＡＲになりますが、今回のテーマは？

望月　今回、自分の物は全部自分で背負って行こうと思っています。ＴＪＡＲのルールは、途中の山小屋や自販機で買い物してもいいことになっていますが、食料もすべて背負って、お金を使わずに行きたい。ただ、水については、山小屋で湧水を引っ張っているところでも協力金というかたちで有料のところもある。なので、そこは自分の中では良し（利用可）としようかなと。水以外の装備、補給食は全部背負って静岡まで行くというチャレンジをしたい。今までが5、6kgだとすると、15kgくらいにはなるかなと。今年から必須装備として火器を持っていくことになっているので、何か、お湯を入れて調理できるようなものも持っていきたいと思っています。これまでのＴＪＡＲで、優勝したり新記録を作ったり、いろいろやってきたが、今回は速さというところではなく、自分と向き合いたい。自分の

限界値を、違う側面から知りたい。できるかできないか、わからない。それもチャレンジだと思っています。

――そのチャレンジを決めた経緯は？

望月　ＴＪＡＲではもう何回も優勝して、５日切りの新記録も作った。記録を出した16年はずっと天候がよく、記録を出すのには好条件だった。次にＴＪＡＲに出るとしたら、何か新しいテーマを持ちたい。どうしようかなと思っていたときに、登山家の花谷泰広さんに会う機会がありました。そのとき花谷さんから、途中の補給をせずに全部自分で背負って行ってはどうか、と提案してくれたんです。『俺たちは、高い山に行くときや長期の縦走に行くときは、途中で補給はできない。全部持っていくよ』と。その話を聞いて、それが山の原点なんだな、やってみたい、と思ったんです。そのチャレンジをしたいから、ＴＪＡＲにもう一度出る、と決めました。ただ、事前に「こういうことをやります」とあまり言う気にはなれなくて。自分のチャレンジなので、スタートしてから、応援してくれる人たちから「そういうチャレンジをしているんだな」と、知ってもらえればと思っています。

――18年のＴＪＡＲは、原点に戻りたい、というお話もされていましたね。

望月　僕は10年からＴＪＡＲに出ていますけど、その頃からはルールも大きく変わってきている。必携品もいろいろ増えてきている中で、自分で判断して、これを持っていれば自分は大丈夫、と見極めることも大事。自分がＴＪＡＲから学んだことでもありますし、

ＴＪＡＲはそういうことを学ぶべき場所でもあるのかなとも思うんです。今は便利な世の中で、いろいろなものが手に入る。僕らは持つものや食べるものを選べる時代に生まれて、贅沢だなと。昔の人はそんなことはできないから、あるものを食べるし、使うしかない。原点に戻って、そういうチャレンジをしてみたいと思いました。今回、途中で冷たいものも飲めないし、考えれば考えるほど不安にもなります。でもその不安も、また新たな自分が見れるのかなという楽しみにつなげたいですね。

――ペースはどのくらいを想定されているのですか？

望月　想定では、７日くらいで行きたいと思っています。やってみないとわからないですけどね。少なくとも、今までのように「剱岳にトップで登る」ということはないと思います。時間いっぱい使うかもしれないし、どのくらいでいけるのか、そもそも完走できるのか……。でも完走したい。ＴＪＡＲの制限時間をめいっぱい使ってでも、もがきたいと思います。

――これまでにないチャレンジを通して、ＴＪＡＲファンや山に入る人たちへ伝えたいことはありますか。

望月　最近、登山者とトレイルランナーの関係、マナーの話がいろいろなところで出ますよね。少なからず、自分のところにも『もっと（トレイルランナーに）啓発してほしい』とメッセージがくる。山を登るなら、お互い、気持ち良く登りたいじゃないですか。トレイルランナーはトレイルランナーなりに、必要なものを持って登る人もいる。でも今は、ウェアも装備も、軽量でコンパクトで良いものが出ている。そういうものを登山者も知ったほうがいいし、逆にトレイルランナーは登山者の気持ちを知ったほうがいい。

自分は今回、登山者の気持ちが理解できるように、自分のものは自分で持っていく。安全に、安心に登りたい。そして、これだけ荷物を持っても、（日本アルプスを）越えて来ることができるよ、と示せたらいいなと。

僕は昔からよく口にしていますけど、トレイルランも登山の手段の一つだと思っているんです。登山者もトレイルランナーも、お互いに気持ち良く山の頂を目指せたらいいなと。登山者とトレイルランナーの距離が縮まるような、その一つのきっかけになればいいなと思っています。

2018年大会ダイジェスト

標高0mの富山湾・早月川河口をスタート、3000m級の山々が連なる日本アルプスを縦断し、駿河湾・大浜海岸へ至る415㎞を、自身の足のみで8日間以内に踏破するトランスジャパンアルプスレース（TJAR）が、2018年8月12～19日に開催された。

エントリーは過去最多の112名。書類審査、実地での選考会、さらに抽選により選出された30名が本戦出場を決めた。実力があっても、運も味方につけなければスタートラインに立つことはできない。

16年大会は好天が続いたが、18年は期間中を通して天候がめまぐるしく変化。北アルプスの終盤、中央・南アルプスでは、雷雨や暴風雨により一時的に山小屋への避難や停滞を余儀なくされた選手もいた。悪天候により足裏のマメに苦しむ選手も続出するなか、南アルプスの玄関口でデポジットのある市野瀬の関門は、30名全員が通過した。

初出場の10年から4連覇中で、16年大会では4日23時間52分の大会記録を打ち立てた〝王者〟望月将悟は、今大会、道中で必要となるすべての装備・補給食を背負ってスタートし、途中で（水以外の）食糧調達を一切行なわないという新たなチャレンジを掲げた。

優勝争いは、目まぐるしく状況が変わった。初出場の近内京太、16年4位の石田賢生、16年に続く2度目の出場で「6日切り」を目標に掲げていた吉藤剛、男澤博樹と先頭が入れ替わるなか、初出場の垣内《かいとう》康介が、南アルプス・赤石岳で首位に立つと後続を引き離し、

6日1時間22分で優勝を果たした。

出場5回目の船橋智が後半に追い上げ2位、近内が3位に入った。「山小屋での無補給完走」を掲げた江口航平が、佐幸直也と同着の4位。6位は中盤までレースをけん引した吉藤。全行程の「食糧無補給」に挑んだ望月は7位（6日16時間）で完走、偉業を成し遂げた。

今大会、50代の選手が過去最多の5名出場し、高島伸介（52歳）、古澤法之（53歳）、岡田泰三（54歳）、竹内雅昭（58歳）の4名が完走した。これまでの最年長出場・完走記録は、TJAR創始者である岩瀬幹生の53歳（7日14時間21分・08年）。岡田は今大会、竹内より先にゴールしたことでその時点での最年長完走者に。その後、竹内がゴールし、最年長完走記録を塗り替えた。

27名の完走者中、20名が最終日（8日目）にゴール。最終完走者の細田典匡がゴールに駆け込んだのは、制限時間の2分前となる23時58分であった。

選手30人、それぞれのドラマがあった。自然の脅威、疲労、身体の痛み、睡魔、幻覚や幻聴――幾多の試練に直面しながら選手たちはそれぞれの415kmに挑んだ。ノンサポートのTJARだが、多くの選手が語る「応援の力」もまたこのレースの魅力の一つだろう。濃縮された1週間が幕を閉じた。（出場30名、完走27名、途中リタイア3名）

望月将悟、〝無補給〟というチャレンジ

初出場の10年以来4連覇、16年大会では前人未到の5日切り（4日23時間52分）達成。

ＴＪＡＲでは誰よりも強く、速かった〝絶対王者〟が、新たな挑戦を掲げた。友人でもある登山家の花谷泰広からの助言がきっかけとなった。道中で必要となるすべての装備・補給食を背負ってスタートし、途中で（水以外の）食糧調達を一切行なわないという、これまで誰もやることのなかった「食糧無補給」チャレンジ。１日あたり３０００kcalの食糧が必要と計算し、計画を立てた。これまでの総重量（5〜6kg）の約3倍となる15kgの荷物を背負い、5度目のＴＪＡＲに挑んだ。

ザックの大きさが際立つ（写真＝金子雄爾）

「今回は記録や連覇というところではなく、原点に戻って自分と向き合いたい。自分の限界値を、違う側面から知りたい。できるかできないかわからない。でもそれがチャレンジだと思う。不安もあるが、新たな自分を発見できるという楽しみにつなげたい」。レース直前、望月はそう語っていた。実際、４１５kmの行程を踏破するにあたり15kgの荷物を抱える負担は想像を超えていた。

「（荷物が重いことで）足首が重さで潰されちゃうような感覚がありました。足首の負担が大きく、１００回以上転んだし、足を捻った。疲労も想像以上だった」

足だけではない。推進力を生み出そうとストックを握る手にも力がかかるため、序盤の早月尾根で早々に手に掛けていた紐が両手とも切れたという。さらには蓄積した疲労による弊害も表れた。

「胃腸は元気だったけど、だんだん食事がとれなくなって……。つらかった」。

足の激痛と疲労で、終盤は走ることも難しくなっていた。最後の数十㎞は意識が飛びそうになるほどの疲労感を抱えながら、大浜海岸へ。そうして6日16時間7分の7位でフィニッシュ。ゴール地点は大勢の観客が詰めかけ、人垣で望月の姿が隠れるほどだった。

「2010年からTJARに出て、応援力は何にも変えられない力があると感じている。応援のおかげで一歩を踏み出すことができた」。

レース後、体重は2・8㎏減っていた。終わった後のダメージも、今まで以上だったという。振り返り、望月は言う。「きつかったです。今までとは何もかも違いましたね。レース中も、終わってからも」。

これまでのTJARでは、補給や睡眠を極限まで削り、ゴールをめざしてきた。今回、大幅にペースを落とさざるを得なかったことで新たな発見もあった。

「重い荷物を背負ったことで、登山者の大変さもわかったし、応援の人や登山者と写真を撮ったり、止まって話をすることもできた。またほかの選手と関わる中で、食事や睡眠のとり方など、新鮮な驚きもありました。記録や勝負だけではないチャレンジで自分と向き合えた。やってよかった」。TJARへの出場は一区切りを表明しているが、己に挑戦することを止めるつも

大浜海岸でのフィニッシュ。「笑顔でゴール」を果たした（写真＝金子）

りはない。

TJAR2018、トップ3の道程

〝新王者〟となったのは、初出場の垣内康介。雑誌で、TJAR2008に出場した田中正人、紺野裕一、駒井研二の対談を読んだことがきっかけでTJARを志した。14年大会に初エントリーし、選考会に合格するも抽選で落選。ショックは大きく、一時は山や走ることから遠ざかった。その14年大会で垣内と同じく抽選で落選した渡部祥が、16年大会で3位に入った姿を見て奮起、4年ぶりの再挑戦を決意。「18年をめざすと決めてからは、再度落選したときのことは考えなかった」。

週末はアルプスに通い、平日も地元の山で登りを強化、スピード練習や足裏強化のため裸足ランも取り入れた。今大会は、必須だと勘違いし立山・雄山神社を参拝（有料）したり、静岡市街で道に迷うなど、初々しいエピソードも。中盤は膝の痛みに苦しんだが、南アルプス・赤石岳でトップに立つと、最終日はまる1日以上寝ずに走り続け、6日1時間22分でゴール。優勝を果たした。苦しい時期に支えとなった家族や仲間に迎えられ「苦労が報われた」と万感の表情を見せた。

新王者の垣内康介（写真＝金子）

2位は終盤に追い上げた船橋 智。過去に出場した4大会はいずれも5位以内と安定感は群を抜く。実行委員としてTJARを支える立場でもある。「選手としては今回が最後」。タイムこそ前回大会（5日20時間）に及ばなかったが、自己最高順位で〝有終の美。「力を出し切れた」。妻と娘に迎えられ、充実感を漂わせた。

近内京太が粘りの3位。初出場ながら積極果敢なレース運びで幾度となく主導権を握った。ランニング・山歴ともに約5年。15年から2年滞在したアメリカでロングトレイルの経験を積み、力をつけてきた。実力者揃いのなか上位に食い込み、「実力は出し切れて満足しているが、悪天候下での対応能力が足りなかったのが課題」と振り返った。

竹内雅昭さん、史上最年長58歳で完走

『山と溪谷』2018年11月号から

7日22時間17分でゴール、史上最年長完走者となった竹内雅昭（58歳）。悲願の完走を果たした竹内さんに、「究極」への挑戦を振り返ってもらった。

――初出場の16年（最終関門で制限時間を越えリタイア）以降、18年までの取り組みは？

竹内　17年のゴールデンウイークには、16年の〝忘れ物〟を取りに行こうと、（リタイア地点付近の）畑薙大吊橋からゴールの大浜海岸まで走りました。夏には、TJARの全行程踏破にチャレンジしました。三伏峠で時間オーバーとなり、その後はタイムを意識せずに、9

日かけて大浜海岸に到達しました。(全行程を)一人で踏破したのはすごく勉強になりましたね。どのあたりで眠気が来るのか、どの時間帯にどの区間を通過するのか、そういう感覚が掴めたのは大きかった。

——出場決定の段階から、本戦で完走するまで「蜘蛛の糸を手繰るような思いだった」と。

竹内　今回は選考会に出場して合格し、本戦に出場する力があると認めてもらえればそれで良しと思っていました。が、なんせ、参加条件(※フルマラソン3時間20分、100kmマラソン10時間半以内)が満たせず、願書(エントリーに必要な書類)が出せない状態だった。17年の1月から18年の4月まで、フルマラソンを7回走って、全部失敗。最後、4月の第4週に初の100kmウルトラマラソンに出て、10時間2分。ゴールした途端「これで、(願書が)出せる」と感極まり涙が止まりませんでした。選考会では、制限時間ギリギリの最終完走者。抽選では、最後の一札で名前が呼ばれた。本戦でも、井川オートキャンプ場の最終関門をギリギリで滑り込みセーフ。本当に、いつ途切れるかわからない「蜘蛛の糸」を手繰るような状態でした。戦力外の自分でも、「夢を持って、あきらめずに努力を続ければ、奇跡が起きるもんだ」と、本人が一番驚いていました。

——レースを振り返って、印象に残る場面は?

竹内　(南アルプス)三伏峠の関門通過後、高山裏避難小屋で仮眠し

フィニッシュした竹内雅昭さん(写真=金子)

て起きて「ここから勝負だ」と。それでも睡魔が襲ってくるたびに「もうダメだ」と思いましたね。今回、同じようなペースの選手が何人もいたんです。TJARの本来の趣旨からは逸れるのかもしれないけど、仙丈ヶ岳からの暴風雨や、茶臼岳からの下りでも、前後する選手がいたことで、精神的に救われましたね。

今回、雨が多かったことで足指の付け根、母指球、足裏、かかとが白くふやけてひどい状態でした。槍ヶ岳の下りの時点で歩くのが痛くてたまらなかった。南アルプスに入る前に駒ヶ根の薬局で絆創膏を買って貼ったけど、その脇にも水膨れがどんどんできて。あんなにひどくなるとは……。井川オートキャンプ場の最終関門直前の猛ダッシュは、その痛みを忘れて無我夢中でした。

――最終関門以降のロードはいかがでしたか。

竹内　井川オートキャンプ場で仮眠をとって再出発してからも、一時は「もう間に合わない」と、途中で20分くらい寝て、足のケアをしたら、走れるようになりました。道路脇の距離表示で、キロ7分半で走れていることがわかって、残りの距離を計算してこれなら「行ける！」と元気が湧きました。しかし、さすがに残り10㎞あたりでは足が止まってしまった。最後は足が痛くてどうしようもなかった。足が熱を持っているから、信号待ちのときに少しでも熱をとろうと電柱に抱きついて足をからませたりもしました。

――ゴールでは多くの人が待っていました。

竹内　嬉しかったですね、本当に。(地元の) 敦賀や、(以前居住していた) 茨城の仲間も駆けつけてくれて。静岡市街に入ってからは沿道でも本当に多くの方に応援してもらった。居酒屋の前に出てきて声をかけてくれたり、知らない人が段ボール裏に「竹内」と名前を書いて応援してくれたり。私みたいな戦力外のような人間に対しても、こんなに温かく応援してくれてありがたいなと。ゴールは本当に感無量でした。スタート前に日本海の水を舐めて、ゴールの太平洋の潮水と比較したいと思っていたんです。それが叶いましたね。日本海は塩っ辛い。太平洋はまろやか。疲れていたからそう感じたのかもしれない（笑）。

——終わったあとのダメージはいかがでしたか。

竹内　ゴールでは、実は立っているのもやっとの状態でした。敦賀までは仲間の車に乗せてもらったけど、帰ってからも歩けないほどに足裏のダメージが酷かった。腰の痛みも出たし、微熱が2週間くらい続きました。点滴には、レースから1カ月経った今も通っています。レース中は無我夢中で頑張れるけど、ゴールやリタイアしたあとのダメージは、人一倍というか、やはり20代、30代に比べると、回復力が落ちているのを実感します。よく周りから「無理するな」と言われるんだけど、いちばん嫌いな言葉なんです。私のことを心配して言ってくれるのはよくわかるんだけど。だからといって、無理できる時にやらないと、あとで後悔する。できないと思ったら、無理するまでもなくできないと、自分がいちばんわかっていますから。負け犬の遠吠えですね（笑）。

——今後のチャレンジは？

竹内　2年後は60歳。18年に完走して、今回でＴＪＡＲへのチャレンジはやめようと思っていました。でもTJARは、経験知が生かされるレース。60代で、本戦に行けるとは思っていませんが、何もせずに、白旗を上げることもないだろうと。やれるところまではやりたい。「中高年の星」と言ってもらうこともありますが、私はただ遊ぶことに熱中しているだけ。いくつになっても何かにチャレンジしていきたいですね。

竹内《たけうち》雅昭《まさあき》

1959年富山県生まれ。福井県在住。大学時代は夏に山小屋バイト（双六、鏡平小屋）、冬はネパール単独トレッキング、東海自然歩道を完歩。社会人ではパラグライダー、ウインドサーフィン、スキー、スノーボードなどに熱中。

第6章

なぜ惹かれ、なぜ走る？

特別対談　21年4月14日実施

望月将悟×岩瀬幹生

出席者＝望月将悟、岩瀬幹生
聞き手＝松田珠子、宮崎英樹

岩瀬　前回対談したのは、18年のTJARの前でしたね。望月君の食料無補給のチャレンジは、よくぞやってくれた！　と思いました。その心意気が素晴らしい。ただ、下界でも無補給というのは、ちょっとやりすぎかなと……。

望月　やりすぎましたね（苦笑）。最初から追い込んだので本当にきつかった。重いものを背負うのは、自分が勝手につけたハンデなので、そんなのは関係ないと思っていたんです。周りの選手も頑張っていたし、途中で気をゆるめたり、重いからいいやと思ったら、自分が求める限界値、面白さに到達できないんじゃないかなと。だから最初から追い込んだんですけど、何もかも違いました。

岩瀬　精神的な負担も大きかった？

望月　大きかったですね。自分の中のプライド……、小さいプライドなんだけど、TJARの優勝者はこんなもんか、と思われたくないなと。10年に優勝してから、誰にも

岩瀬幹生（左）、望月将悟（右）

負けたくないと思ってずっとやってきていたので。自分で勝手に背負っていたのかもしれないですね。

岩瀬　15kgの荷物を背負っているからペースが落ちるのは仕方がないよね。

望月　最初の2時間くらいで、無理だとわかりました（笑）。いちばんきつかったのは、最初の馬場島までのロードと、剱岳の登りです。特にロードはほかの人はみんな走っているから、歩けなかった。できるだけ前をめざそうとは思っていました。TJARは最後まで何が起きるかわからない。山は、天気やコンディションにも左右される。寒さ、暑さが苦手な人もいる。だから、あきらめずに行こうと。ただ、ずっと気が抜けず頑張ったら、すごく疲れてしまった。レースが終わったあともなかなか体調が戻らなかったです。

岩瀬　精神的なプレッシャーもあって、疲労が数倍に膨れ上がってしまったのかな。

望月　18年の後半は体が動かなくて……。練習で走ってもスピードは上がらないし、ずっと苦しかった。完全に燃え尽きたなという感じでした。肉体的な疲労は2カ月くらいでだんだん戻ってくるのですが、気持ちがなかなかのらなかったですね。

栄養補給の重要性

岩瀬　見ていたら、望月君のパフォーマンスが十分に発揮されていないんじゃないかなと感じていました。食事が不十分だったのかなと。どんなものを食べていたの？　軽量化で、うどんとか、炭水化物ばかりだったのでは？

望月　カップ麺ばかりですよ。

岩瀬　あぁ、それは調子が悪くなるよ。全区間、無補給にすると食料も軽量化するしかない。軽量化していくと炭水化物主体になってしまう。体調にも影響すると思う。

望月　だからたぶん、調子が悪かったんです（苦笑）。カップ麺のうどんを朝、昼、晩と1日に3個食べる計算で持っていっていたんですけど、これを1週間、下界でできるかと言ったら、できないよなと……。カロリー計算だけで、栄養バランスのことまで考えていなかった。そこをもう少し考えていたら、違っていたかもしれないですね。

岩瀬　カップ麺だけじゃ、望月君の凄いパワーが出せていなかった。

望月　1日3000kcal分で計算して、カップ麺など固形物で1500kcal、飲み物で1500kcal分を持ちました。最初はもっと入れようと思ったけど、ザックに荷物を詰め込んだら予想以上に重くて、これじゃ走れないなと。たくさん持っていっても、暑さで食べられないかもしれないし、これくらいでいけるんじゃない？と。ポジティブに考えすぎましたね（苦笑）。

岩瀬　僕も、冬山で5泊6日のソロ縦走をしたとき、極力、軽量化するために炭水化物主体のメニューを組んでしまい、失敗したことがあります。ビタミン、ミネラルなどを補うために総合ビタミン剤を通常の2、3倍摂取していたけど、それでもダメで体調を崩してしまった。長時間行動するときは、やっぱりたんぱく質が大事だなと。たんぱく質を主体に、炭水化物・脂質・ビタミン・ミネラルなどバランス良く摂取しないとね。

望月 そういうことだったんだ。お腹が減って動けないとか、ハンガーノックのような感覚はなかったけど、力が出ないしスピードも上げられない。そのなかでやりくりするしかないと思っていました。もう、荷物の重たさで、走り切れるかどうかが第一前提。カロリーさえあればいい、食べられるものがあるだけいいや、みたいな感じでした。

岩瀬 僕がTJARを始めたころ、やはり軽量化が優先で、山ではアルファ米を食べていたけれど、下界に下りたらガッツリ食べていました。肉を食べるのが楽しみだったね。望月君は心が強いね。下界でたんぱく質、ビタミン、ミネラルをしっかり摂って、充電してまた山に登る、というスタイルがいいかな。

望月 もしTJARをまたやるときがあれば(笑)、次は栄養のことも意識してやってみたいですね。今までは栄養にこだわったことがなかったので。それで変わるのであれば、やってみたい。そこから新たな発見もありそうですよね。

40代からは体のケアも必要

岩瀬 僕は普段からわりと食事には気を使っているつもりです。あと普段のケアでいうと、山を長時間、縦走した後には温泉に入るし、そこでストレッチは念入りにやりますね。そうしないと体がどんどん壊れていってしまう。昔はストレッチでいうと30分くらいしかしていなかったけど、今は1時間くらいしています。1日中、山を走り回ったら、帰りに温泉に寄って、温冷浴とストレッチの身体ケア3時間メニューみたいなことをやっています。体もほぐれて気持ちがいい。

望月　そこまでやっているんですね。自分はやらなさすぎだなぁ……。きっと、だから調子が良くないんだ（苦笑）。

岩瀬　40歳を過ぎると、体のケアも意識してやっていかないと。厄年の42歳ごろになると精神的、肉体的パワーがストンと落ちちゃうよね。ここで家庭や仕事の見直しをして生活を切り替えていかないと、体も心も壊れてしまう。いろんなことを切り替えて、また次の時代を引っ張っていってほしいな、望月君には。

望月　ありがとうございます。5年後くらいに、栄養とかストレッチのことを語っているかもしれない（笑）。

岩瀬　やっぱり30代くらいまでは、怖いものなしじゃないけど、いろいろなことができたよね。僕はもともと山屋なので、国内の雪山やヒマラヤ、ヨーロッパアルプスのクライミングのほうに熱中していたのだけれど、国体の山岳競技の選手や監督をしたおかげで、荷物を背負っての長期縦走のおもしろさに目覚めました。ＴＪＡＲの試走で10日かけて日本アルプスを縦断したのが40歳のころ。ＴＪＡＲを仲間たちと始めた頃は40代後半（※48歳）

だったかな。

望月　えっ、そうなんですか！　それを聞くと、まだまだこれからだなと思えますね。

岩瀬　ＴＪＡＲをやり始めたあたりから、長距離を楽しむ方向に移っていったかな。クライミングはセンスが問われるけど、僕はまったくセンスがなかった。長い距離で体力を生かすほうが自分には向いていた。自分が好きなこと、得意なことなら、やっていて楽しいし充実感がある。僕がそのままクライミングをやっていたら、もうとっくに死んでいたかもしれない。引き際を見極めながら少し方向転換をして、なんとか今も生き延びている。望月君はこの先、どういう方向を考えているの？

望月　これまではスピードを意識することが多かったので、新たなチャレンジの仕方を見つけられたらいいなと思っています。コロナ禍で海外に行けない状況もありますけど、日本国内の知らない山にたくさん登りたいですね。職業柄、まずは静岡市。管轄である南アルプスを、もっと深く知りたい。ヤブ山、尾根を散策したいなと。

岩瀬　冬のバリエーションルートを夏に行くのもおもしろいのでは？　あまり人が入らないし、そういうところでルートファインディングしたり、ちょっとスピードを意識してどのくらいの時間で抜けられるか、チャレンジしたらおもしろいかもしれない。

望月　そういうのは興味ありますね。ハイマツの植生をうまく利用しながら、いかに早く抜けられるか、とかやってみたいですね。

TJAR2020の新ルールに思うこと

望月　あらためて思うのは、岩瀬さんたちがTJARを始めた頃は、装備面も今とは大きく違ったじゃないですか。情報も少なかったですよね。そういうなかで皆さん、レースの1週間をやりくりしていた。例えば僕が今、当時と同じ装備、同じ条件でやろうとしたら、厳しいと思う。TJARの初期の方々はやっぱりすごいなと。

岩瀬　ウェアも装備も、素晴らしいものがどんどん出てきているから、今の人がうらやましいな。天気予報もよく当たるようになったよね。スマホがあれば天気の移り変わりがリアルタイムでわかる。僕の時代は空を見上げて、いつも観天望気で進んでいました。

望月　便利になった分、良い面もあるけど、楽しさ半減ともいえますね。得るものも半分になってしまったのかなと感じます。遠くに見える雲の変化、風の冷たさ……。肌で感じたことから判断することが少なくなっている気がして、なんとなく寂しいですね。岩瀬さんたちがやっていた頃と今では、安心感が違いますよね。逆に、今は安全面が確保されていないと、こういうレースはできない時代でもありますよね。

岩瀬　事故は絶対に起こしたらダメだからね。ただ、危機感と対応力が薄れてしまうのではないかな。小さな失敗をいろいろ経験して、そこを自分でフォローしながら、力がついていくものだと思う。周りに整えられた環境だと自己の成長につながらない面があるよね。

望月　そういう意味では、TJAR2020（21年夏に延期開催予定）のルール変更（※山小屋での食料・飲み物の購入禁止。水のみ補給・購入可）で、岩瀬さんたちがやっていた頃のスタイルになるのは、原点に戻る感覚で良いですね。

岩瀬　よりシンプルになるというか、自分の食べるものは自分で担ぐという、一昔前のスタイルに戻るのかな。冬の山であれば、山小屋なんて営業していないから、全部の食料を背負って登るのは当たり前ですから。

望月　ＴＪＡＲはやっぱり、山の総合力を感じさせてくれる大会。山小屋での補給なしルールは良い試みですよね。どうなるのかやってみないとわからないけど、岩瀬さんたちが作ってきた当初の経緯や気持ちを、これからの人たちにも知ってほしいとは思います。例えば、ハセツネ（日本山岳耐久レース）も、登山家の長谷川恒男さんがヒマラヤ登山をめざすトレーニングをしていた山域。ここで力をつけて世界の山をめざしていったんだよ、と。ＴＪＡＲに出る人たちも、〝原点〟みたいなものは感じてほしいですね。

岩瀬　つけ加えさせてもらうと、これからＴＪＡＲに出る人たちには、日本海から太平洋まで駆け抜けてほしい。スピードだけじゃないよと。どれだけ楽しい山旅がみんなで行なえたのかなと。途中でリタイアしてもいいから、楽しみながら「ここまで来られた！」という実感を掴んでほしい。その上で、ＴＪＡＲからステップアップして、いろいろな挑戦をしてほしいね。今は良いウェア、装備もたくさんあるから、視点を変えたら面白い挑戦がいろいろできる。望月さんの「ＡＲＯＵＮＤ　ＳＨＩＺＵＯＫＡ　ＺＥＲＯ（通称〝ぐるり静岡市〟）」は、誰かやらないのかな？（※17年、静岡市境のマウンテントレイル約235㎞、標高差2万3000ｍに挑み、4日20時間28分で踏破）

望月　誰もやってくれないんです（笑）。でも本当にそうですね。僕はＴＪＡＲに出たから、あれをやってみようと思った。いろんなチャレンジの仕方があって、それぞれ感じることがありますよね。楽しかったり、苦しかったり。その〝感じる〟ことが重要だと僕は思う。自分のなかで納得できる感じ方であれば、どんなカタチでもいいんじゃないかな。例えばＴＪＡＲは、４５０㎞という距離とコースが決まっている。そのなかで、それぞれの感じ方で楽しめたらいいねと。新たな自分なりのチャレンジを見つけていくのが良いなと思います。

岩瀬　個々で感じることは違うから、それぞれが「やったぞ」と思えることがあればいいのかなと。１番になる必要はないし、タイムにこだわる必要もない。自分なりの目標に向かってチャレンジして、その先に自分なりのご褒美があるといいね。

望月　ＴＪＡＲに参加した10年間、僕は勝負にこだわってきてしまった部分がありますけど、スピードだけじゃない、もっと大切な価値がこの大会にはある。山の楽しみ方もいろいろですよね。自分の道を、やりたいように、進みたいように行くのが一番かなと。

岩瀬　それが一番だね。人それぞれ、自分がやりたいことをやっていけばいいよね。人によって持っているものは違うし、自分に合ったスタイルがある。行きたい山で、面白い、楽しいと実感できればいいのかなと。楽しみながら、長く続けましょう。

望月　最近やっと、そういう心境になってこられた気がします。楽しみ方を広げてまたチャレンジしていきたいです。

全優勝者座談会

21年4月14日実施

出席者(優勝年)
岩瀬幹生(02年)、田中正人(04、08年)、鈴木(前姓・間瀬)ちがや(06年)、望月将悟(10、12、14、16年)、垣内康介(18年)
聞き手=宮崎英樹、松田珠子

——今日はTJARで優勝経験のある全員の皆さんにお集まりいただきました。お久しぶりの方もいらっしゃるとのことで、簡単な近況からお伺いできますか。

岩瀬　約11年前にさかのぼっての近況をお伝えします。すでに66歳になってしまった、もうろくジジイです(笑)。山登りはライフワークとしてずっと続けています。10年に冬山で凍傷になり、手足15本の指を切り刻んでしまいましたが、いまだに山登りを続けています。

15年春、60歳になる前に癌で腹を切りました。膵臓癌で助からないと言われ、腹を切ったら十二指腸のGIST癌だったので、なんとか助かって今にいたります。その時に7、8キロ痩せました。年齢を重ねるなかでシェイプアップができているのかなと思います。

2年前に仕事を辞めまして、ネパールでひと月半ほどヒマラヤ登山に行ってきました。6000m級の山を1座、5000m級の山を2座登り、トレッキングも楽しんできました。今までトレイルランとかいろいろやりましたけど、僕の原点はやっぱり山登りなのか

左上から時計回りに、岩瀬、垣内、望月、田中、鈴木（中央）

なあ。そして最終目標は、ヒマラヤでありヨーロッパアルプスだなあと。

今後の課題としては、まだ登れていない山に挑戦したい。昨年、パキスタンに行こうと思ったらコロナ禍でダメになったので、日本の冬山をもう一度やろうかなと思っています。寒さは厳しいけど、すごくおもしろい。30代まではロープを使って冬壁のアルパイン（穂高・滝谷、鹿島槍、五竜などのバリエーション）をやっていたけど、今は一人でふらふらと、ロープを使わないレベルの冬山を楽しんでいます。

田中　僕はアドベンチャーレースが主戦場ですが、（コロナ禍の影響で）昨年から海外レースが全部延期やキャンセルになって……。どのレースも、現時点で実施される見込みがなく、海外レースは先が見えませんが、まぁ地道にトレーニングしていくしかないのかなと。アドベンチャーレースの場合、チーム競技なので、いかにみんなでトレーニングできるかというところですね。特にメンバーに若手が増えてきて、頑張っています。男女ともに、常にメンバー募集しています。

個人的なことでは、2月に左肩の鍵盤断裂の手術を受けて、しばらくはあまり負荷がかけられない状態です。ただ脚のほうは問題ないので、軽いランニングはすでに始めています。今年54歳になりますが、ケガや故障が増えてきて、体をいたわりながら、メンテナンスしながらやっていかなきゃいけないなと、身に沁みています。

チームとしては、若手を育てることが要ですね。（同じチームの）田中陽希が今、3百名山（※）のチャレンジを続けていますけど、トレイルランナーでも個々で考えて壮大なチャレンジをする人が増えていますよね。チームとしても、トレーニングの一環として、夢やドラマがあるチャレンジをやりたいと思っています。

※自分の力のみで挑む日本の山301座をつなぐ旅、グレートトラバース「日本3百名山ひと筆書き〜Great Traverse3〜」（NHKでも放映）

鈴木　私は、社会人として働きながら、家の近くの山でハイキングをしたり、採ってきた山菜で食事を作ったり、庭仕事をしたりして毎日を楽しんでいます。あと、中型バイクの免許を取ったので、エンジン付きのバイクに乗っています。400ccのホンダCBに乗っています。カワサキからCBにしたら峠も楽しくて。エンジンに身を任せて楽しんでいます（笑）。一時期はクライミングにはまっていて、5・11とか登っていましたけど、結局バイクに行っちゃいました。もう単なる普通の人です。走っていません（笑）。

望月　僕は、このところ大会もないですし、職場的にも自粛要請がかかっていたので、あまり高い山には行けず、この1年くらいは地元の低山に入って、登山道じゃないルートを探したりして遊んでいました。18年にＴＪＡＲの無補給をやったあと、体がイマイチ動かなくて。でもこの前、岩瀬さんと話をして、ＴＪＡＲの第1回のときに48歳だったと伺って。僕は今年、44歳になるんですけど、まだまだ頑張ればいけるという気持ちにもさせてもらっています。あと、アドベンチャーレースにも興味が湧いて、（田中）正人さんにマウンテンバイクやカヌーも教えていただいていたのですが、コロナ禍で中断しています。

垣内　ＴＪＡＲをめざしてやってきて、（18年に優勝した後）もう1回やるのかやめるのか、けっこう悩みました。10年越しで憧れてきた舞台。優勝というすごいおまけがついてきて、もうここでやめてもいいかなという気持ちもあった。でも、どっちが攻めかというと、やっぱりやるべきかなと。もう1回やろうと決めて、トレーニングを積んでいたんですけど。皆さまの前でこんなことを言うのも何ですが、今年42歳。今までけっこう無理してやれたのが、体が変わってきたのを痛感しています。この2年ぐらいずっとケガで苦しんできて、今の自分の体とのつき合い方がわかってきたのか、ここにきてようやく上向きになりかけているところです。ＴＪＡＲ２０２０（21年夏開催予定）をめざしてやっています。

――ＴＪＡＲは「日本海から太平洋まで山をつないで縦断したい」という岩瀬さんの夢から始まりました。

岩瀬　学生時代、卒業旅行の山旅で40キロくらいの荷物を担ぎ、一人で南（アルプス）から北に向かって縦走して諏訪湖まで行ったときに（南アルプス～八ヶ岳～霧ヶ峰）、いつかこれを全部つなげたい、日本海から太平洋まで山をつなげたいと思った。その夢を実現しようと始めました。

一応、「トランスジャパンアルプスレース」という名前がついているけれど、最初はレースではなかったのかなあ。「日本海から日本アルプスを越えて、太平洋まで8日間で行こまいか。みんなで、この夢を実現しよう」。やってみると、すごく楽しかった。そこが原点ですね。時代が変わって参加者が増えて、レースの形態もスタイルもどんどん変わってきていますね。僕自身も、いろいろ感じながら今に至っております。

田中　ＴＪＡＲは、とにかく「ロマンがある」の一言に尽きますよね。日本海から太平洋まで、日本の屋根を全部縦走していくという、そのロマンに魅かれて、やりました。実をいうと、このＴＪＡＲをやる前に、うちのイーストウインドのチームトレーニングで日本アルプス縦断のトレーニングをしたことがあります。そのときは、僕と横山峰弘君、駒井研二君、平賀 淳君、宮内佐季子さんの5人で、親不知からスタートして、栂海新道経由で朝日岳をめざして……。完全無補給だったので、70ℓのザックがパンパンでした。最初の朝日岳を登った段階で後悔しましたけどね（笑）。そのときは9日間かけて三伏峠まで行って、駒井君が膝を痛めてみんなで下山したんですけど。それをやろうとしていた頃に、ヤマケイ（月刊『山と溪谷』誌）で、森山（憲一）さん（※元・山と溪谷社編集部員、現在はフリー編集者・

ライター）が担当した岩瀬さんの記事を読んだんです。「同じことを考えている人がいるんだ！」と（笑）。1回目のときはどういう経緯で声かけてもらったんでしたっけ？

岩瀬 ハセツネ（日本山岳耐久レース）のゴール後に参加者募集のビラを配ったのかな。受け取った人から「何コレ？」と言われながら（笑）。仲間うちに「一緒にやろうよ」と声を掛けても、なかなか手を挙げてくれる人がいなかった。

田中 あぁ、たぶんそれですね。それで興味を持って。1回目の時は、海外のアドベンチャーレースと日程が重なって出られなかったのですが、2回目は無事に出られた。アドベンチャーレースも長ければ10日間くらいほぼ睡眠をとらずぶっ通しでやるので、スタイル的にはTJARと似ているんです。唯一違うのは、個人かチームか。これがね、実際にやってみたら、非常に過酷だった。アドベンチャーレースは、チームのメンバーにペースを合わせなきゃいけないから、実はそんなに追い込まないで済むんですけど、TJARは自分一人なので、いくらでも限界に追い込めてしまう。最初はロマンに惹かれて参加したけど、これはもうロマンだけじゃない、すごい挑戦だなと。だから僕の中では、参加者一人ひとり、その人の限界がどこまでなのか、そのギリギリまで挑戦してほしいんですよね。

これはちょっと余談になりますけど、僕もNHKの撮影カメラマンとして選手の状況を少し外から見るようになって感じるのは、意外と（力を）抑える人が増えてきたなと。もちろんトップクラスの人は違いますけど、中間以降の人は意外と余裕を持ってやっている印象があります。せっかくね、TJARというイベントで、みんなで一斉にやっているので、もう少し限界に挑んでもいいんじゃないかな、ちょっともったいないなとも最近は感じています。

望月　僕も、正人さんと似ていますね。「ロマンがある」というのも同感ですし、自分の限界に近づけるというのは魅力ですよね。初めて出た10年のとき、ゴールできてすごく嬉しかった。「もう何もいらない」「もう山もやめてもいいや」というくらい、力を出し切った感がありました。でもすぐに、あと2年なんか待てない、来年もやりたい、という気持ちになった。当時は30歳代前半ですね。もっとやれたんじゃないか、あそこはこうすればよかったんじゃないか、もっとタイムが縮まるんじゃないか……。次々と思うことがあって。

自分の限界にチャレンジできるというのが、この大会の最大の魅力ですね。このレースは、夜も走るし、雨のなか、台風のなかも走る。この軽装で自分は1週間で日本海から太平洋まで行けたんだなと。いろいろな状況に対応する力がついたのが自信になりました。消防士という自分の仕事にもすごく役に立つし、走りながら、自分の人生観や仕事のことも深く考えることができた。

垣内　僕が初めてTJARを知ったのは、トレイルランニングの雑誌で、田中さんが優勝した08年大会の記事を読んだことがきっかけです。「何だ、これは!」と。当時、山を走り始めたころだったんですけど、日本アルプス縦断なんて考えもしなかった。その記事で、幻覚が見えるとか、道端でごろ寝とか、普段の生活ではありえないようなことが書いてあって、こんなカッコイイ大人がいるんだ、と。いろいろ調べて、岩瀬さんだったり、人間離れしたチャレンジをする人たちがいることを知って、この人たちに一歩でも近づきたいと思った。僕の理想のすべてが詰まっていた。そこから十数年はＴＪＡＲ一色。僕の人生を大きく変えてくれたのが、ＴＪＡＲです。

鈴木　今も印象に残っている場面はたくさんあります。初日、(劔岳の)早月尾根で、体が慣れなくてきつかった時の状況とか、(北アルプスの)薬師岳で明け方、流れる星の中を歩いたこととか、(南アルプスの)荒川岳だったかな、ちょうど夜暗い時間帯にお花畑を通過したんですけど、そこがすごくきれいで印象に残っています。ＴＪＡＲに何度も出るなかで、お花がきれいなところはけっこうあったけど、だんだん食害でお花が減っていって……。最後に出た時、柵で囲まれた中だけすごくきれいだった記憶があります。お花や星がきれいだったことや、登山道が川のようになっていたこと……。いろいろ思い出します。

私の場合は、例えば、山小屋の人に会いたいとか、そういうのが大きかったです。小河内岳の小屋番の方がすごく親切だったり、地元の人に応援してもらったり。山から下りて食べたパスタのおいしさもすごく覚えています。一人ではなかなか行かないところに行けるのが楽しかったです。

一人で進む、過酷な挑戦だからこその連帯感

岩瀬　正人さん、望月さん、垣内さんはアスリートの視点で話されましたけど、僕の時代は、とってものほほんとしたレースでした。速く進む意識はほとんどなくて、とりあえず

みんなで一緒に太平洋までつなげたいという思いが強かった。途中、誰かと一緒に進むのが楽しかった。ちがやさんや（星野）緑さんとは途中でよく一緒になりましたね。自分の限界に近づくにしたがって、これはちょっとヤバイなというラインも見えてくる。だから、その一歩手前、いや、二歩手前ぐらいかな、そのくらいで、みんなで楽しく行こうよ、と。

田中　僕はわりと最初から、せっかくやるなら限界に挑戦したいなという気持ちがありました。僕が参加した第2回大会のときも、レースというよりは仲間どうしで集まって、ちょっと馬鹿なことをみんなで一生懸命やってみよう、みたいなノリでしたよね。

岩瀬　そうでしたね。仲間でやるというのが大きかったね。

田中　当時も一応ルールがあって、みんなで一斉にスタートをしましたけど、単独で頑張って山を縦走するのとでは、気持ちがずいぶん違いますね。特に南（アルプス）に入ると、夜中、眠いし心細いし、という状況のなか、今この瞬間、こんな夜中に同じチャレンジをしている仲間がいるというのは、すごく支えになりました。印象に残っているのが夜中、（南アルプスの）塩見岳に登っていて、振り返ったら遠くに後続の人のライトが見えて、僕がチカチカッと点滅させたら、向こうもチカチカッと点滅し返してくれたこと。そのときに「あぁ、一緒にやっている仲間がいるんだな」とすごく勇気づけられました。TJARは、みんなで競い合っているのではなくて、〝同志〟の意識がすごく強い。天気が悪いと「後ろの人は今、大丈夫かな」と気になる。連帯感がありますよね。それと望月君も言ったように、ゴールしたときのやり切った感、充実感……、それがもう、理屈じゃないんだよね。

すべての人やモノに、ひたすら感謝したい気分になりました。そこまでの気持ちになれたのは、たぶんＴＪＡＲが初めてだったので、やっぱりすごいレースだなと。なかなか普通のトレイルランのレースでは、そこまで感じないですね。

望月　決して自分だけでやっているわけではない。仲間と一緒に挑戦したり、ゴール後の達成感が共有できるのは嬉しいですね。

田中　今の話で思い出すのが、14年大会。台風が来て、途中で初めてレースが一時中断になった。10人くらいの選手が薬師岳山荘で待機することになったとき、やはり小屋で待機していた選手マーシャル（※実行委員会メンバー）の船橋（智）さんと衛星携帯電話で話をして。その時、スゴ乗越を出た人がいるのかいないのか、全員無事なのか、みんな、この先の自分のレースのことよりも、仲間のことを心配していた。望月君が「全選手の安否確認がされない限り、ここから前には進めません」と言ってくれたのが心に残っています。小屋で停滞している選手たちも皆そう言っていると船橋さんから聞いて、ＴＪＡＲらしいなぁと。後続の選手に何かあったら、戻ります、と言っていたよね。

望月　ここで何かあったら、戻って助けに行くなり、何か考えようという話はしていました。たとえ、これで大会がなくなったとしても、事故がなければいいよね、と。

田中　過酷なほど楽しいというか、思い出深いものになっていくんだなと……。僕、提案したいことがあるんです。普通のトレイルランのレースで、時々、トップ選手の必携装備不携帯が問題になったりするじゃないですか。「必携装備」って何なんだろうと。全部、自己責任でやったほうがいいとか、いろいろな議論がある。そのなかで、僕がすごく思うのは、必携装備というのは自分のためだけではない、いざというときに人を助けるための道具にもなる。だから人を助けるためにも持つべきじゃないかと。みんながそういう意識でいれば、助け合えますよね。例えばファーストエイドの講習で、CPRとか胸骨圧迫を習う。あれは自分のためのものではないですよね。自分が倒れて、自分に胸骨圧迫なんてできないし。みんなが人のことを考えるようになれば、自分も助けてもらえる可能性がある。自然のなかに入ることを甘く考えず、互助的な意識をみんなが共有できたらいいなと。山に入るうえですごく大事なことだし、TJARは、それを感じられるイベントなのかなと。

望月　同感ですね。強い人ほど、余裕はあると思う。TJARのレース中、山には登山者もいるし、途中で何があるかわからない。標高の高い場所だと、すぐに助けを求められない場合もある。ある程度の装備や救急用品は持っていったほうがいいですよね。トレイルランのレースでは、自分も10年くらい前は、タイムレースの感覚でやっていたこともあります。年齢を重ねるごとに、いろいろな人と一緒に山の楽しさを分かち合えている気がしています。スピードを意識する楽しみ方もあるし、そのうえで、お互いを思いやる気持ちを忘れないようにしたいですね。

継承されている〝岩瀬イズム〟

――ちがやさんは、参加者で女性が一人だけということも多かったと思いますけど、今お話

にでた連帯感という面ではいかがですか。

鈴木　私の場合は、08年から（星野）緑ちゃんが出るようになって気持ちがずいぶん変わりました。最初は男性陣のなかで女性が一人だけで居心地が悪くて（笑）、なんとか自分一人でやらなくちゃという意識がありました。でもみんながいる心強さはありましたね。正人さんもおっしゃっていたように、自分のためだけじゃなく、誰かに何かがあった時に助けられるように、講習に通ったりもしました。当時は、トレイルランのイベントの主催もしていたので、そういうときには携帯用の担架もできるだけ持ち歩くようにして。自分が元気な時は、登山者の人が具合が悪そうに見えたら声をかけて、自分の持ち物をすぐに出せるように、余裕のある登山を心がけていましたね。

垣内　今のTJARは、参加要件を満たしても書類選考や選考会があるし、出るまでが大変じゃないですか。だから、スタートの時には、お互いにそれを乗り越えてきたという連帯感があるように思います。お互いにしゃべったことはないけれど、そこにいるだけで〝同志〟というか。そういう感覚はTJARならではですね。

田中　チームで動くアドベンチャーレースとは違って、一人だから心細さもあるし、すぐ近くに頼れる人がいるわけではない。だから余計に、人を求める気がします。連帯感があるとはいえ、レース中はやはり孤独との戦いですからね。そこはアドベンチャーレースといちばん違うところかな。まぁ、アドベンチャーレースもね、仲間割れすると、孤独感をものすごく感じるんですけど（笑）。

一同　（笑）

田中　でもやっぱり、ＴＪＡＲは一人だからこそ、感じるもの、考えることがすごく多いと思います。感受性も高まりますよね。期間が長いし夜間行動もある。垣内さんも言ったように、人生を考えたりもしますよね（笑）。

岩瀬　孤独感はあるよね。途中でほかの選手と一緒になっても、また別れて……。でも、気持ちはガッチリ繋がっている。

望月　今は選考会があるからどうしても本戦に参加するのが厳しくなっているけど、同じ志の仲間が集まって、いろんな人の輪がつながっていく。岩瀬さんが最初に思っていたことと、形は少しずつ変わっているのかもしれないけど、根っこは同じなのかなと思います。

岩瀬　同じだと思いますよ。

望月　ＴＪＡＲに出場したり、完走して仲間になった人たちと、次にほかの山で新たなチャレンジがまたできたらすごくいいですよね。そういう選手も増えている。ＴＪＡＲをやる大きな意味の一つでもあるかなと。岩瀬さんも正人さんも、ＴＪＡＲが終わった後もチャレンジし続けている。そういう〝魂〟みたいなものは、僕たちも受け継いでいきたいと思いますね。

田中　実行委員会としても、やはり〝岩瀬イズム〟というか、岩瀬さんが始めた頃の志は原点にしています。迷ったときには、常にそこに立ち戻る。その意識は実行委員会でも統一していますね。

岩瀬　それは嬉しいなぁ。

田中　ＮＨＫから撮影取材の依頼があったとき、実行委員会内ではかなり議論がありました。初期メンバーの岩瀬さん、加藤（幸光）さんは当初反対していた。結果的に、（取材を）受け入れて、テレビ放映をきっかけに広く知られるようになったし、イベントとしても変わった面はかなり大きい。でも、大切にする原点は絶対揺るがないようにしたい。実は僕は、メディアを受け入れることには強く賛成しました。どうしてかというと、ＴＪＡＲの感動を多くの人に知ってもらいたかった。やっている人にとっては、言ってみれば自己満足の世界。でも実際に体験すると、あまりにもすごいことなので、この世界を多くの人に知ってほしいなと。ジレンマもありますよ。ＴＪＡＲの基本方針と相容れない、矛盾した部分が出てきます。どうしても折り合いをつけなきゃいけないこともありますけど、悩んだ時に立ち返るのは、〝岩瀬イズム〟です。

岩瀬　僕は当時、（メディアが入ることは）反対でした。やっぱり取材が入ることによって選手が守られてしまうのがすごく気になっていた。取材カメラが張りつくと、精神的なサポートになってしまうんですよね。また、今はＧＰＳで選手の現在位置がリアルタイムでわかるから、ピンポイントで応援に行くこともできる。自己への挑戦、自己完結という基本理念がだいぶ薄れてきてしまっているのではないかと、今のレースを見ていると感じます。しかし、これも時代の流れなのかな。

田中　それはまさにその通りで、完全に薄れているところはありますね。初期の頃とはまったく変わってきている。初期の頃、山小屋に寄るとよく怒られましたからね。

岩瀬　他の登山者からも怒られましたよね（笑）。

田中　できるだけ山小屋には寄らないようにしようという感じでしたよね。でも今は、選手がヒーロー扱いされている。それはやっぱり、精神的な支援、サポートになっちゃっているなと。選手たちは孤独感を味わって戦えているのか疑問に感じる部分もある。そこは、（実行委員会代表の）飯島さんがいちばん悩んでいますね。毎回、NHKから「今回も取材したい」と言われるたびに、ベタ付きはやめてほしいとか条件を伝えてはいますが。そこは本当にジレンマです。多くの人にこの感動、ドラマを伝えたいっていうのと、相容れない難しい問題でもある。僕たちも悩みながらやっています。

岩瀬　レースの映像がテレビで公開されることで、確かに、このレースの肝がわかりますよね。一般の人にも知ってもらうという意味では革新的なことだと思う。その反面、先ほども言ったように、精神的なサポートになってしまっている。そこのさじ加減が難しい。これからもメディア取材をどう受け入れていくかは大きな課題ですね。

望月　（テレビ放映で）TJARを見て「元気をもらった」と言ってくれる人は多いですね。病気で悩んでいる人だったり、昔、山に行っていたけど今は行っていない人という人が、「俺の元気な頃を思い出させてくれた」と喜んでくれたり。選手が頑張る姿を見て勇気をもらった、私もまだ頑張ります、と。そういう声が年々増えているように感じます。一生懸命、力を出し切る姿は、いろんな人に元気を与えることができるのかなと。

岩瀬　そこはメディアが入った最大のプラスの面でしょうね。でも望月君は、ずっと撮影カメラに追われて、プレッシャーがすごかったんじゃないですか？

望月　そうですね。（撮影されるため）どこで休むかを考えるのも、ひとつの試練になっていましたね。カメラをどうかわすか考えたりもしました。精神的なプレッシャーはありましたけど、それもいい思い出です。

鈴木　同じ職場に、（TJARの完走経験もある）田中陽希君の百名山の番組のファンという方がいて、自分では実践できないけど、映像を見て勇気をもらったり、一緒に登っている気持ちになれてうれしい、と。「こういう人がいるんだね、すごいね」と、私が言われるんです（笑）。TJARも、テレビで放送されることによって、山に登らないような人も勇気をもらったりするんだなぁと。家にテレビがないので、陽希君の番組も、TJARの番組も私は見ていないんですけど……、ごめんなさい（笑）。

——カメラに追われるプレッシャーについて、垣内さんはいかがでしたか。

垣内　18年のときは、前半は全然トップ争いの位置じゃなかったのでカメラなんてまったくつかなかったです。後半になって、カメラがついてきてくれて。嬉しかったですね。

岩瀬　プレッシャーは感じなかった？

垣内　まったくないです。僕のことなんて誰も注目していなかったし、レース中は楽しくて仕方がなかった。ずっと憧れていた世界に自分がいるんだなと。先ほどの話にも通じるけど、テレビの放映を見た人から、元気が出たとか感動したとか、たくさん言ってもらえて。自分が好きで勝手にやっていることなのに、いろんな人に良い影響を与えることができたとしたら、すごく嬉しいですよね。そこは本当にテレビのおかげかなと思います。

TJARは、「ちょっとハード」⁉

田中　おもしろいなと思うのは、もともと走ったりしていなくて、普通にサラリーマンをしていた人が、テレビで見て触発されて、めざしたくなって何年もかけて出場する。その間に、いろんなものを犠牲にしてきていると思うんです。そういう、普通の人がチャレンジできるというのも、〝岩瀬イズム〟、TJARマジックなのかなという気がします。

岩瀬　バリバリのアスリートじゃなくても、ちょっと体力がある山屋さんならば、チャレンジのハードルはそれほど高くないと思います。ダイエットのジョギングから始めて、TJARをめざすようになったという人もいるし。選考会はあるけど、門戸は誰にでも開かれていますね。

望月　（10年大会の前に）TJARのホームページを見たとき、「誰でも挑戦できる」と書かれていたのが印象に残っています。あと、今はもう違う文言になっているけど、当時は「ちょっとハードなアドベンチャーレースです」と書かれていた。やってみたら、ちょっとじゃないよ、すごいハードなんだけど！と。

岩瀬　騙された？（笑）でも望月君のレベルであれば「ちょっと」ハードだよね。

望月　いやいや（笑）。やってみたら凄いレースだった。でもその文言に惹かれたところはありました。さらっと言えちゃうところが、かっこいいなと。

田中　今は、選考会を通過しても、30人を超えると抽選になってしまう。垣内さん（※14年に抽選で落選）などは悔しい思いを経験していますよね。実力がある人も落ちてしまうのは、個人的に疑問を感じていました。選考会の上位から決めるのはどうかと話し合ったこともありますけど、山で事故を起こさない、人に迷惑をかけないという最低限のレベルをきちんと見極めるのが選考会であって、基準をクリアした人には全員に平等にチャンスが与えられるべきだと。単なるレースとは違う。実行委員会の飯島さんを筆頭に、より幅広い人に挑戦してもらいたいという意見でまとまっています。

新ルールへの期待

――TJAR2020から、ルール変更で山小屋での補給ができなくなりますね。実行委員会としては、そこもかなり話し合いがなされたのでしょうか。

田中　そうですね。18年、望月君が無補給に挑戦して注目されましたし、江口（航平）君も、山小屋無補給を自分に課して挑戦してくれた。TJARは、普通のトレイルランニングのレースじゃないし、単に体力や走力があれば勝てるレースでもない。山で生活をしながら、自分自身をどうマネジメントしていくか、山での総合力が問われるところに面白味がありますよね。実行委員会内でもいろいろな声が出るなかで「小屋を使うのをやめたらどうか」という意見が出た時に、みんな、何かストンと腑に落ちた感がありました。ある意味、イベントとしても、原点を維持するためには次のステップに移行する時期なのかなと。

望月　次も出場を予定している垣内君の意見を聞いてみたいですね。

垣内　僕は大賛成ですね。18年大会に出場して、山小屋が利用できる時間に合わせて行動するのも、何か違うような気がしていました。まぁ僕は山小屋を使ったんですけど（笑）。前回、江口さんが山区間での無補給、望月さんは完全無補給をやりましたけど、より能力が試されますよね。それに、自分で背負っていくほうが、よりカッコイイと単純に思う。先ほど〝原点〟という話もありましたけど、僕は大賛成です。

――岩瀬さんや正人さんは、山小屋を使わないのは当たり前だったとお話されていましたが、ちがやさんはどうでしたか。

鈴木　思い出していたんですけど、北アルプスに入る前に、飲み物とラーメンを買ったけど、固形物が食べられなくて、結局ほぼ飲み物だけでしのいだ記憶があります。中央アルプスでも小屋はほとんど利用しませんでしたね。南（アルプス）に入ったときに食べられるようになって、お湯を沸かしてカップ麺とか食べました。私、けっこう荷物が多くて、毎回ザックの重さは水を含めて10kg近くありました。食料もたくさん持っていて。ジェルも毎回1kg分以上持っていましたね。下山すればコンビニもあるし、背負ったものを食べれば夜も動けるし荷物も軽くなる。小屋を使わなくても行けるんじゃない？と思っちゃいました。

望月　18年は無補給に挑戦しましたけど、体への負担が大きすぎるので（苦笑）、やっぱりコンビニには寄りたいですね。

コロナ禍ということもありますけど、今だからこそ原点回帰するべき時かもしれないですね。山小屋補給なしのルールのほうが、山をより感じられるし、TJARは速さだけではない、TJAR自体がさらに魅力のあるものに変わってくような気がします。TJARは速さだけではない、いろいろな要素が求められる。山では自分が持っていく物のみでなんとかしないといけない。おもしろいチャレンジですよね。

鈴木 私は、火器を持っていって、朝と夜はお湯を沸かしていたのですが、今はフリーズドライ食品でも安くて良いものがたくさん出ていますよね。そう考えると、途中でおいしい物はいくらでも食べられますよね。レース中も、小屋で買い物しなければお金がかからないし、経費削減にもなるなあと（笑）。岩瀬さんは、よくフリーズドライのお米にお水を入れて召し上がっていましたよね。今は種類も多くなって、うらやましいな〜って思います。

岩瀬 やっぱり温かいものは食べたいよね。僕の場合、北アルプスは1泊くらいで抜けられるから、「上高地でおいしいものを食べるぞ」と頑張る。中央（アルプス）は「半日くらいで山を越えれば、おいしいものが食べられる」。南（アルプス）は2泊くらいしなきゃいけないから、「ちょっと荷物は重くなるけど、下山したらおいしいものがたらふく食べられるぞ」と……。山では下界で食べたいもののことばかり考えていたし、そのために走っていました（笑）。だから、望月君のような完全無補給というのは、修行僧にでもならないとできないかなぁ。

モチベーションを保つ方法

垣内　皆さんに伺いたいんですけど、レースなどの目標に向かってトレーニングをしていると、どうしてもケガをしたり、好不調の波がありますよね。そういうときに、モチベーションの浮き沈みはありませんか？　皆さん、ずっと現役で長くやり続けているなか、どうしているんだろうと。

岩瀬　僕はアスリートじゃないからね。山に入ったり自然の中にいるのが楽しくて、山に入り山トレをやっている。でも疲れが溜まったり、ちょっとモチベーションが下がった時には、しっかり寝たり、お風呂に半日くらいゆっくり浸かったり……。あとは、母ちゃんと散歩に行ったり、買い物に行くこともあります。そうすると、ちょっと気分が変わるかな。普段からそんなに追い込んでやることはないけれど、いちばん好きなのは温泉かな。温冷浴とストレッチをやりながら、まる一日ゆっくりのんびり過ごします。

望月　同じです、自分も。やっぱりモチベーションが下がったときは「体を休めろ」という体からのサインかなと。そういうときには無理をしない。

田中　僕の場合はチーム競技で、チームの一員として育ってきた選手がやめて、また新しい人が入って、育て直して……、と常に振り出しに戻っている感じなので、モチベーションが下がる暇がない（笑）。まずは理想的な状態に持っていきたい。

岩瀬　チーム競技は、全体のレベルを上げないといけないから難しいでしょうね。
田中　メンバーを安定させるというのも、僕の課題です。難しいですね。まずは（田中）陽希の3百名山が夏に終わる予定で、その後はまたアドベンチャーレースの活動に戻るので、彼が戻ってきてくれれば、二人三脚でもうちょっと強い体制で行けるかなと思っています。
　ちなみに、陽希も08年にＴＪＡＲを完走していますけど、昔はイーストウインドのメンバーはＴＪＡＲ完走を義務にしていました。最近は参加のハードルが上がっているので、そこまでは言えないですね。

山の中にいると感覚が研ぎ澄まされる

――ＴＪＡＲの話で、自分の限界に近づくなかで感覚が研ぎ澄まされていくという話が印象に残っているのですが、何かそういうエピソードはありますか。

岩瀬　08年大会のときかな、ちがやさんとも何度も一緒になりながら進んでいたとき、聖岳に行く途中、兎岳の避難小屋の手前で、急に顔が引きつって、「何か……、ちょっとヤバイ！」と感じたんです。急いで避難小屋に入ろうと思った瞬間に「ドキューン」。すぐそこに雷が落ちた。きな臭い匂いがブワッと周りに立ち込めて……。あれはヤバかったなぁ。周りの状況や、山から何か感じるものがあるんだよね。あれは危機一髪だった。
正人　普通のハイカーや登山者に比べると、装備が貧弱な分、気が張っていますよね。常にリスクに対して身構えているところはあります。ここで捻挫したらどうするとか、危険なことをイメージする癖がついている。ウェアが薄いから、外気温や匂い、ちょっとした湿り気でもすごく肌で感じますね。より動物に近い感覚になる気がします。

一般の登山者は、しっかり道具を持ってシェルも着て自分の体を守ると思いますけど、自然と接するときに壁が一枚できちゃうのかな。そういう点では、トレイルランナーのようなライト&ファストのスタイルは、意識を持って取り組めば、より自然に馴染みやすい環境ともいえるかなと。その分、常に周りの危険を感じながら行動するのが大事なことなのかな。逆にいうと、自然界の現象が五感を通してビシビシ感じられると思います。

鈴木　私がTJARに出たとき、夜、ツエルトで寝ていたら、動物の気配を感じました。お友達のようにツエットの周りをぐるぐる回っていて。熊だったらどうしようと思ったけど、不思議と怖さはなかったです。姿は見えないけど、フクロウがすぐ近くで鳴いてなんだか身近に感じたり。人間も動物も、同じ生き物なんだな〜と。だんだん天気が予測ができたり、回を重ねるごとに山に馴染んでいく感じはありました。

岩瀬　だんだん自然の中に同化していく、みたいなところがあるね。

鈴木　そうです。自分も自然の中のちっちゃなピースの一つにすぎないんだなと。それはすごく感じました。

望月　確かに研ぎ澄まされていくような感覚はありますね。正人さんの話で、夜中に山から後ろのほうにライトで合図を送ると返してくれた、というエピソードがありましたけど、夜、何かの気配を感じて振り向くと、すごく遠くの山でライトが光るのが見えたり。市野瀬のデポで仮眠しようとして、周りが気を遣って静かにしてくれているんだけど、ちょっとした話し声がすごく聞こえる。耳も鋭くなってきているのかなと。

垣内　僕は、すごく感覚的な話ですけど、山とフィットしている時としていない時がわかるというか。自分の疲れや精神状態にもよるとは思うけど、調子が良い時は、山に受け入れてもらっているというか……、わかってもらえます？

岩瀬　何でも、うまくいくときは、次から次に良い方向へ進むよね。天気が良くなって、寒くもないし、風も止んだり、とかね。

垣内　すべてが良いときは、周りの自然とうまいことフィットしている気がします。そういうときは研ぎ澄まされているのかなと。

岩瀬　わかるなァ。ちょっとヤバイなと感じるときは、フィットしていないんだよね。そういう時は周りに注意をはらいながら慎重に行動したほうがいい。山に入って長時間行動していると、やっぱり自然に感覚が研ぎ澄まされてくるのかもしれない。

TJAR2020に向けて

——垣内さんは次も挑戦するとなると2連覇がかかることになりますね。

垣内　18年は、あわよくば上位に入れたらいいなとは思っていましたが、目標は「完走」で、優勝はまったく考えていなかったんです。あのメンバーのなかでたまたま僕がうまくいったというだけで、正直、運が良かったところが大きいと思っています。優勝できて、やってきたことは間違っていなかった、やればできるんだと自信はつきましたが、そこに慢心はなくて。次も勝てたら最高ですけど、メンバーにもよりますし、そこで自分が納得いくレースができればいいなと思います。周りからは期待の声をいただくし、トレーニングを頑張ったけど、ケガが多くて……。今は気持ちを切り替えて、能力を上げるというよりは、自分の能力を100％使うにはどうしたらいいかを考えています。

――ルールが大きく変更になりますが、記録についてはいかがですか。

垣内　いやぁ、望月さんの5日切りの記録は規格外ですよね。でもまぁ速い人は、5日の前半くらいではいけるのかな。水を多めに持つことになるのはちょっとハンデになりますけど、食べるものをうまくマネジメントすれば、山小屋に寄らない分、人によってはタイムが縮まるんじゃないかと思います。

田中　厳しい条件になることは間違いないので、これまでとはまた違った雰囲気のレースになるでしょうね。優勝タイムに関しては、実行委員会としても特に考えていないですね。天気やいろんな条件によって前の大会と比較できるものでもないので。それよりは、レースのスタイルが変わることで、体力やスピード勝負だけじゃない面が、より出てくると思う。みんながどんなドラマを作ってくれるか楽しみにしています。

望月　楽しみですよね。これまでとはスタイルが全然違うので、どういう人たちが出てくるのか。山に特化している人も出てくるかもしれない。これまでとは変わったチャレンジだから、おもしろさがあるんじゃないかなと。21年夏にＴＪＡＲ２０２０が開催されたら、

10回目のＴＪＡＲになりますね。とにかく大きな事故なく、無事に終わってほしい。悲しい思いはしたくありませんから。選手たちは、安全に、リスクは一歩前、二歩前で見極めてやってもらえたらいいなと思います。

岩瀬　僕も同じで、どんな人が出てくるのかなというのはすごく楽しみです。安全第一で、選手の皆さんには山を楽しんでもらいたいですね。

登壇者プロフィール

岩《いわ》瀬《せ》幹《みき》生《お》

TJAR創始者。55年生まれ。愛知県在住。学生時代から数えて登山歴は45年以上。ヒマラヤやヨーロッパアルプスでの経験も豊富。愛知県山岳連盟副理事長。TJAR実行委員会・顧問。

田《た》中《なか》正《まさ》人《と》

67年生まれ。群馬県みなかみ町在住。アドベンチャーレースの国内第一人者。チームイーストウインド所属。93年第1回日本山岳耐久レース優勝。TJARは04年、08年に優勝。現在は実行委員会メンバー。アウトドアガイド、山岳スポーツの映像カメラマンなども。

鈴《すず》木《き》ちがや

※大会出場時の姓は間瀬

67年生まれ。神奈川県在住。日本山岳耐久レースをはじめ数々のトレイルランニングレースや山岳スキーで日本女子トップ選手として活躍。TJARは04年から4大会連続で完走。06年は女性として初の総合優勝を果たす。

望《もち》月《づき》将《しょう》悟《ご》

77年生まれ。静岡市在住。静岡市消防局勤務（山岳救助隊）。TJARは10、12、14、16年と4連覇（16年には4日23時間52分の新記録を樹立）。18年はすべての食料を背負う無補給で挑戦し、6日4時間23分（7位）で完走。

垣《かい》内《とう》康《こう》介《すけ》

79年生まれ。岐阜県在住。職業は家具職人。TJARは14年に選考会を通過するも抽選で落選。18年、二度目のエントリーで10年越しの初出場、6日1時間11分で優勝。

女性出場者座談会

21年4月21日実施

参加者（出場年、記録）
星野緑（08年：7日15時間31分、10年：7日17時間24分）、
平井小夜子（08年：中ア・駒ヶ根高原／菅の台、10年：南ア・三峰岳、12年：南ア・百間洞、14年：南ア・三伏峠でいずれもDNF）
中村雅美（14年：中ア・池山でDNF）
聞き手＝宮崎英樹（山と溪谷社）、松田珠子

――過去の女性出場者の中から今日は平井さん、中村さん、星野さんにご参加いただき、女性ならではの視点などお伺いできればと思います。まずは近況からお願いします。

星野　私は、今週末（4月23～25日）開催予定だったUTMF（ウルトラトレイル・マウントフジ100マイル）をめざして練習していました。毎年、冬は山岳スキー競技をやっていますが、今回はUTMFに絞ろうと秋からトレーニングしてきたのが（コロナ禍で）中止になり……。今は先のことは何も考えていない状態ですね。私が住んでいる（群馬県利根郡）川場村で秋に開催される「上州武尊山スカイビュートレイル」の運営に関わっていて、実行委員としては今年も開催したいと思っているので、そこに向けて動いています。

中村　コロナ禍なので山にはあまり行っていませんが、3週間に一度くらい秩父あたりの山をうろついています。

上から平井、中村、星野

平井　私はすっかり運動から離れてしまっています。4年前に30年以上勤めた仕事を辞めて実家に戻り、(両親の)介護生活をしていました。昨年、母が亡くなり、2人とも見送りましたので、これからまた何かやろうかなと思っています。山はたまにハイキングに行くくらいですね。

――さっそくですが、TJARに出場するなかで、女性ならではの印象に残るエピソードなどがあれば教えてください。

星野　山から下界に下りて、アスファルトの道を歩いているときに、すごいスピードを出して坂道を上ってきた車が急に自分の横で停車したことがありました。結局は応援者だったのですが、真っ暗闇のなか、一人で歩いているときだったので、それはすごく怖かった。そういうことが何度もあって、暗い道で車が近づいてくる気配を感じたらヘッドライトを消して、道から逸れた場所に隠れていました。山の中では、自然の中での危険を感じることはあっても、〝人〟の怖さはないんです。山から下りて、普通なら誰も来ないような林道で急に車が来て横づけされるのはすごくイヤでした。

中村　14年大会のとき、中央アルプスに向かうロードの途中、木曽の道の駅で寝たときに、やはり少し〝人〟が怖いかなと。あまり人目につかないところを探して寝ました。14年は初日から台風で、一ノ越から5人の選手で一列に進んだのですが、私が女性だからと常に列の真ん中に入れてもらいました。皆さんに守られている感があって、そのときは女性でよかったなと思いましたね。

星野　自分のことが載っている当時の雑誌（山と溪谷社から当時発行されていた『アドベンチャースポーツマガジン』）を見て思い出したのですが、途中で生理が来てしまった。でも、忘れていたくらいなので大したことじゃないですね。

――当時の星野さんのインタビュー記事には〈レース後半に生理になってしまったのが困りました。初日からの異常な眠気は生理前の現象によるものだったんだと思いました〉とありますね。

星野　あまり覚えていないです（笑）。でも基本的にずっと眠いですね。山の中は元気だけど、アスファルトの道では眠くて仕方がなかった。足の痛さもあるけど、私は眠気がいちばんつらかったです。

中村　私はバイオリズム的な影響は全然感じませんでしたね。トイレは困ったかな。ロードでトイレがなかなかないときは、ひたすら我慢していた気がします。

平井　女性だからということではないですが、いちばん大変な思いをしたのは初めて出た08年。北アルプスで、自分の不注意で足を滑らせて2mくらい滑落したんです。岩に背中をぶつけて、息が苦しいのと痛みでしばらく動けなくて……。ここでこのまま人が通らなかったら死ぬんじゃないかと思うくらい。でもしばらくしたら動けて、北アルプスは残雪があったので、雪でアイシングしながら進みました。なんとかレースは続けたかったけど、駒ヶ根あたりでもう耐えられなくなってリタイア。あとであばらが2本折れているのがわかりました。あれは自分的にはいちばんしんどかった。久しぶりに思い出しましたね。あのときは1カ月後に大滝村のMTBのレースに出場しました。まだ完治はしていなくて体を捻ったら痛かったけど、まっすぐ立っていれば大丈夫だったので（笑）。

――すごいエピソードですよね。ケガといえば雅美さんも、アドベンチャーレースで大ケガをされましたよね。

中村　13年にチームイーストウインドのメンバーとしてX-adventureのコスタリカ大会（総距離約820㎞）に出たときですね。最後のMTBセクションで転倒して……（診断は脳挫傷と顔の一部の骨折）。今は元気なので大丈夫だったみたいです（笑）。あとは自転車のトレーニング中に転倒して鎖骨を折ったことがあります。

――TJARは、まず参加要件を満たすところからハードルが高いと思いますが、めざしていた頃を振り返っていかがでしょうか。

中村　参加要件を満たすためには、前年の夏に山へ何度も行かないといけないし、そのためにはお金もかかるし、時間もかかる……。山に行くだけじゃなくて、マラソンの記録も出さないといけないし、大変といえば大変。いろいろなことを犠牲にしているといえばそうだけど、可能性があるならやってみようと。ＴＪＡＲもアドベンチャーレースも「おもしろそう」というのが根本にあります。おもしろそうだし、ダメならダメで、まずは挑戦してみようという気持ちでした。

星野　ＴＪＡＲを知ったのは、トレイルランの雑誌がきっかけです。間瀬（ちがや）さんの記事を見て、直感で「これ、やりたい！」と。当時も一応選考会はありましたけど、まだゆるかったので出場できたと思います。家の仕事が農家で、いま作っているのはこんにゃくだけですが、ＴＪＡＲに出ていた頃は夏野菜のきゅうりも作っていたので、すごく忙しかったんです。当時は選考会も今のように厳しくなかったし、正直、ＴＪＡＲだけのために取り組むことはできなかった。生活の一部にトレーニングがあるような感じですね。準備も、直前に「やばい、やばい」と慌ててやっていました。あまり深く考えていないし、いつも行き当たりばったりなんです（笑）。

――行き当たりばったりで、ＴＪＡＲを2回は完走できないかと……（笑）。

星野　毎回、報告会の資料をあとで読ませていただくと、みんな細かく計画しているし、行動中もいろいろなことを考えていてすごいと思います。私、こんなに考えて行動していなかったなと。皆さんの報告の文章を読んで、いつも反省していました（笑）。やっぱり準備は大切ですよね。

平井　私は体力的にピークだった05年頃、地元の山岳連盟に所属していた知人経由でＴＪＡＲのことを教えてもらって、トレイルランのレースに出たり、超長距離や〝一筆書き〟タイプのレースが好きだったので興味を持ちました。06年の選考会が、初めて行ったアルプスだったんです。地元の四国には高い山がないので、山の大きさ、美しさに圧倒されました。レースのスケールも大きい。北アルプスから南アルプス、こえ全部を自分の足で行くの？　すごい！　と。「これに挑戦したい！」と思いました。でも山の経験が足りなかったので、08年をめざそうと。山岳会にも入って山に通うようになりました。

――平井さんは4大会連続で挑戦されて、うち3回は南アルプスまで到達していますね。

平井　12、14年は出場選手で最年長でした（※12年は50歳、14年は52歳で出場）。やはり年齢的なこともありますし、その頃に職種が営業に変わって忙しくなって……。それまでは平日も走れたのが、時間がとれなくなってしまった。最後のほうは、それまでの〝貯金〟でやっているような状況。いくら気力で「完走したい」と思っても、このレースは難しい。それは痛感しました。結局、完走はできなかったけど、山の経験も積めて、ＴＪＡＲを通じて友達もたくさんできた。自分の財産ですね。特に関西方面に住んでいるＴＪＡＲつながりのメンバーとは、よく山に行っていました。〝ミスター・ボーダーライン〟の宮崎（崇徳）さん（※）とよく、次はどこに行こうかと話をしています。何年か前に熊野古道に行ったときは、雅美さんも一緒に行きましたね。

※ＴＪＡＲ08、10、12年に出場。山を安全に楽しむためのペース配分で関門ギリギリに通過することが

多かったことから〝ミスター・ボーダーライン〟と称された。12年は最終完走者。

中村　行きましたね。あれは楽しかったです。また行きたいですね。

――TJARとほかの山のレースとの違いで、印象に残ることはありますか。

平井　皆さんも経験されていると思うけど、足のトラブルが一番かな。足のマメ地獄。あと、足裏の深いシワがすごく痛いですよね。今は皮膚保護のクリームとか、いい製品がいろいろ出ていますが、当時はワセリンくらいしかなかったし、対処方法もわからなくてすごく苦しみましたね。

星野　足の裏のシワ、私もなりました。そのころはケアの仕方もよくわかっていなくて、休憩のときにとにかく靴下を脱いで足を乾かすくらいでしたね。出場した2回とも雨が降りましたけど、特に2回目（10年）はずっと悪天候で、足元はぐちゃぐちゃ。やっぱり足裏が深いシワになって、歩くのがつらかったのは覚えています。

中村　私も経験あります。深いシワに、細かい砂みたいなものが入り込んだ状態を「剣山の上を歩いているよう」と表す人がいますけど、まさにそのとおりでした。足の裏も本当に痛かったけど、私の場合はむくみのほうがひどくてつらかった。それでリタイアしちゃったような感じでした。

――以前、緑さんにTJARのお話を伺ったとき「楽しいよ～」とおっしゃっていたのが印象に残っています。眠気や足の痛みのつらさはあっても「楽しい」が大きい？

星野　出産と一緒で、痛みを忘れちゃうのかな（笑）。あんなに痛かったのに、もう一人欲しい、みたいなのと同じ感覚ですかね（笑）。

中村　ほかのレースとの違いは〝痛さ〟でしょうね。これほどまでに痛い思いをするレースはほかにない気がします。アドベンチャーレースはＴＪＡＲよりも期間が長くて、いろんなところで転んで全身は痛かったけど、我慢はできるくらい。ＴＪＡＲはとにかく痛かった。足の痛みが集中的にくる感じです。でも痛み以外はすごく楽しかったです。ほかの選手との交流やきれいな景色、応援してくれる人が多くて、ニコニコ手を振ってくれたり。そういうのは楽しくて仕方がなかったですね。

平井　楽しいですよね。日本海から太平洋まで、自分が持っているものでどう対応できるか考えながら、生活術や山の技量など総合的なものが必要なレース。大変なところを含めて、楽しいですね。後半戦は、出場選手中最年長ということで皆さんに逆に労わってもらったり……。良い思い出です。

――今あらためて感じる「ＴＪＡＲの魅力」とは？

星野　たった1週間で、北アルプス、中央アルプス、南アルプスを全部歩ける、すごーく贅沢な1週間。家のことやほかのことを一切考えずに、自分だけのことをやれる、幸せな時間だなと思います。景色もそうですし、現実離れした世界に魅力を感じます。またやってみたいなあ。今は家族もいるし、参加要件を満たすのはまず無理。やるなら個人でやるしかないですね。

――15年夏には雅美さんも仲間うちでＴＪＡＲのコースに挑み、完走されていますね。

中村　そうですね。14年に出た次の年、平井さんも一緒でしたけど、何人かでやりました。10日間かけて大浜海岸に着きました。

ＴＪＡＲの魅力は、一言で表わすと壮大なところ。距離も景色も、壮大である。敷居が高い。挑戦しがいがある。そういうところがおもしろいところですね。

平井　レース中は毎日が〝非日常〟ですよね。日常の何もかもを忘れて、別世界に浸れる。一筆書きで日本アルプスを縦断するというロマン。自分の自信にもつながりますよね。日本アルプスをつなげていく景色は、日本でいちばん美しいところだと私は思います。

振り返ると、当時はかなり練習を頑張っていたし、ウルトラマラソンやトライアスロンなどいろいろなレースに出ましたけど、ＴＪＡＲだけは敷居が高くて、なかなか完走ができない。いちばん自分が好調だったときにケガをしたり、仕事が忙しくなってトレーニングが積めないまま出ることになったり……。4回出て結局一度も完走はできなかったけれど、「またチャレンジしたい」と思える大会はＴＪＡＲだけでした。それだけ魅力がありますね。

中村　普通に生活していたら出会えない人たちと知り合えたのは大きいです。本戦は完走できなかったけど、大きいことに挑戦したことで、自信はちょっとついたかな。これに挑戦していなかったら、いろいろなことに対してもっと自信なく生きていたかもしれない。ＴＪＡＲに挑戦したことで、いろんな景色が見られたし、視野が広くなったし、いろいろな人と知り合えたし……。少しは人間が大きくなったかもしれない。

星野　雅美さんが言われたように、選手の人たちと知り合える嬉しさはありました。全員が揃うのはスタート地点だけで、スタートしたらバイバイ、という人がほとんど。それでも〝同志〟というか、どんな人かよく知らなくても親近感がある。例えば平井さんも、TJARのときにちょっとお会いしただけなのに、すごく親しみを感じるし、大好き（笑）。連絡をとり合っていなくても、深く知っている錯覚があるというのかな。同じ空間を共有した、大切な仲間たちです。

TJARに出たとき、「自分が求めているのはこの世界だ！」と思いました。山の中はほとんど歩きでしたけど、きれいな景色を見ながらすごく楽しくて「こういうのがやりたかったんだな」と。今、スカイランニングなど山岳レースも多様化していて、それはそれで魅力があるだろうけど、私はこっちが居心地が良い。競争だけじゃないなと。振り返るとあらためて感じます。

中村　時間制限があるので、レースといえばレースなんだけど、A地点からB地点に移動する旅ですよね。壮大な旅だと思います。遅い人のほうが楽しいかもしれない。

星野　うん、まさに旅ですよね。男子のトップのほうは競争かもしれないけど、私たちは基本的に旅行に来ている感じ。一緒に進む仲間ともいろんな話をするし、山を楽しんでいます。

平井　後方の選手は写真を撮ったりもするしね。きついし、決して余裕があるわけではないけれども、話をしたり、時に写真と撮ったりしながら。山小屋に着いたら、泊まることはできないけど旅館に着いたような気分になったり。練習で顔見知りになったご主人に応援してもらえるのも嬉しいし、そこに行くのも楽しみになる。観光しているような気持ちになりますね。

――今後についてはいかがでしょうか。

星野 (UTMFの中止で)今は大きな目標はないですね。ご飯がおいしく食べられるように、また何かやりたくなったときのために、近所の友達と毎朝走っています。走るとスッキリしますね。TJARもやっぱりまたやりたいなぁ。やるなら個人で、友達とならできるかな……。妄想だけはしています(笑)。

平井 最初にお話ししたように、昨年まで母の介護に専念していました。自分の時間もなく、一時期はベスト体重から20kgくらい増えたんです。同じ時期に腰も痛めたりと悪循環でした。母を亡くした後、10kg戻りましたが、まだ体が重くて、運動しようと思ってもなかなか動かない。介護がなくなったので、まずはダイエットのための運動から始めようかなと。恥ずかしながら、運動の初期の段階の人になっています。山岳会にはずっと入っているので、調子が戻ってきたらもう少しちゃんと山に登りたいとは考えています。

中村 私も今はあまりストイックにはやっていません。今日は10kmくらい走りましたけど、走り終わったら道の駅で野菜を買おうかなとか、スマホの地図アプリで市街地のオリエンテーリングをしたりとか、ちょっとした楽しみを見つけながら走っています。短いのはあまり好きじゃなくて、長い距離をダラダラ走るのが好きですね。楽しみながらこれからも続けたいです。

登壇者プロフィール

平《ひら》井《い》小《さ》夜《よ》子《こ》

62年生まれ、徳島県在住。02年アイアンマンハワイ選手権出場、05年さくら道国際ネイチャーラン完走(29時間50分)、13年大雪山ウルトラトレイル女子優勝など。TJARには08〜14年に4大会連続出場(12、14年は出場選手中最年長)。

中《なか》村《むら》雅《まさ》美《み》

63年生まれ、千葉県在住。13年X-adventure（コスタリカ大会）ではチームイーストウインドのメンバーとして参加。フルマラソン2時間58分53秒(13年名古屋ウィメンズマラソン)、UTMF31時間17分46秒、13位(15年)。TJARは14年に出場。

星《ほし》野《の》緑《みどり》

73年生まれ、群馬県在住。スキーのオフシーズンのトレーニングとしてトレイルランニングを始め、国内女子トップ選手として活躍。09年日本山岳耐久レース（ハセツネCUP）優勝（10時間10分)、16年2位、17年3位など。二児の母。TJARは08、10年の2大会連続完走。

年齢を超えた先に

竹内雅昭×岡田泰三

21年4月27日実施

出席者＝竹内雅昭、岡田泰三
聞き手＝松田珠子

――18年大会ではともに、それまでの岩瀬幹生さんの最年長完走記録を更新されたおふたりですが、18年以降はどのように取り組まれてきましたか。

岡田　18年頃までは、月に4回ある週末のうち、3回は山に行っていました。私の場合は、通勤に片道2時間半くらいかかるので、平日は長い距離は走れません。会社の昼休みにトレッドミルで20分くらい走ったり、階段の上り下り、あとは週に1回、スイミングのレッスンに通っていました。20年のTJARに向けてトレーニングを続けていたわけですが、19年夏に大会要項が発表されて私はエントリーできないことがわかった（※1）。さらにコロナ禍もあって、モチベーションがプッツリ切れてしまった。19、20年はほとんどアルプスには行っていません。最近は、競技オリエンテーリングにはまっています。エイジ別の年間ランキングをどこまで上げられるか。それまでは長距離や長い時間山を歩く、ということばかりやっていましたが、オリエンテーリングは5㎞くらいまでのスピードをどう上

上が竹内、下が岡田

げるかが重要なので、トラックの練習も取り入れながら。それが2回目の緊急事態宣言でまたプツッと途切れてしまった……。延期されましたけど、日本でワールドマスターゲームの開催予定があるんです。世界大会を一度経験してみたいと思っています。

竹内　世界大会をめざしているのはすごいなぁ。私も岡田さんと同じく、次のＴＪＡＲにエントリーできなくなったのはショックが大きかった。参加条件の一つであるロードの選考基準タイム（※2）をクリアするため、19年の1月から3月の間にフルマラソンを6回も走りました。そのうち1回だけクリア。１００㎞は2回走って1回クリア。ヨシッ、（エントリーの）書類が出せるぞと思ったら、友達から「タケちゃん、今年は出られないよ」と。必死の思いでやっていただけに、書類が出せないとわかって、地団駄を踏む思いでした……。まさに「令和大ショック」。

「老体に鞭打つ」という言葉は嫌いですが、わが身にムチを打って、この冬も月間３００㎞以上走りました。冬期は週末、スキーとスノーボードを教えていますが、瞬発力と持久力は違うので、冬場もしっかり走りこんでおかないと、春にロードを走ったらケガをしてしまう。私の場合、走らないとどんどん足の筋肉が落ちちゃうし、体重も逆に減ってしまうんです。

※1　TJAR2020の申し込み資格の一項目に「18年大会に出場した選手でかつ以前に参加していた方は2020年大会に申し込みできない、ただし一回休んだ場合には再び申し込み可能」とある

※2：フルマラソン3時間20分以内、あるいは100kmマラソンを10時間30分以内に完走できる記録を有すること

岡田　走ってしっかり足の筋肉を鍛えないと、というのは竹内さんに同感です。一方で、私の場合、体重があるので、走り過ぎると膝に負担がかかって故障してしまう。最近は（膝への負担が少ない）自転車トレーニングで心肺に刺激を入れるようにしています。コロナ禍であまり家から出られない時期は特に、室内での自転車トレーニングが有効だなと。ロードや山も走らないといけないですけどね。ロードのウルトラマラソンを走れる足を作るには、せめて月に200〜300kmは走りたい。次のTJARを完走してやっと、年齢的には竹内さんに追いつけますから（笑）。

竹内　いやいや、何をおっしゃいますやら（笑）。報告書を拝見しましたが、岡田さんは完走するための青写真、設計図がきちんとできていますよね。私は根性論で、ちゃらんぽらんにやっている。岡田さんの緻密な計算、計画を見習わないといけない。

岡田　その計画がすぐに崩れて、単なる完走狙いになっちゃうんですけどね（苦笑）。修正したらどのくらい行けるかな。天候や体調にもよりますし、記録はもう少し縮められるんじゃないかなと。まず、自分の目標としては、応援してくれる人たちに、明るいうちにゴールする姿を見せたいという野望がありますね。

竹内　私はTJARをめざす前から、腰に爆弾を抱えていました。腰痛なのか神経痛なのか、これまでも山小屋のトイレで動けなくなったり、会社で仕事中の何気ない動作で動けなくなったり……。もう、体にはずいぶんガタが来ていますよ。TJARの期間は、〝寝た子を起こさない〟ようになんとかしのいでいる状況です。マラソンや山もそうですが、良い準備ができなければ結果は出ない。年々、その準備段階のところでくじけないように踏ん張るしかないかなぁ。岡田さんはどうですか。

岡田　私は45歳を過ぎたくらいから、自分が考えている量のトレーニングがだんだんこなせなくなってきました。一昨年や昨年にやっていたことと同じようにやろうとすると、ケガしてしまう。そのケガも、以前は3日で治っていたのが1週間かかるようになり、10日かかるようになり……。ケガはしやすくなるわ、治りにくくなるわ、という感じですね。TJARなどの大きな大会の前には、整体や鍼灸治療院でいつも痛くなるところをほぐすようにしています。私が山やランニングを始めたのは49歳くらいの頃。当時、鏑木《かぶらき》毅《つよし》さんの「チーム100マイル」に入っていたのですが、マラソンの持ちタイムが近くても、30代や40代の人たちと同じように練習すると、膝を痛めてしまって数カ月まともに走れない……。そんなことを最初の2、3年は繰り返していました。若い人たちと同じことをやってはダメ、これ以上やるとケガしそうだ、と数年かかってやっとわかってきた。

竹内　体の痛みなどで練習が億劫になったりすると、どんどん、負のスパイラルにはまってしまいます。自分で自分のケツを叩いているような状態ですね。「タケちゃん、もうトシなんだから無理するな」と言われたりすると「なにくそ！」と自分を鼓舞。そういう感覚を励みにしないと、気を抜くと安楽な方向に流されてしまう気がする。

岡田　私もそれはわかります。つい「もう、いいかな……」と考えそうになりますよね。

竹内　ケガするほどやっちゃいけないけど、重い腰を上げて、お尻に火をつけた状態を保たないと、すぐに火が消えてただのジジイになっちゃう。

――以前も「無理するな」という言葉が好きじゃないと話されていました。

竹内　大嫌いです。まぁ、調子が悪いときや元気が出ないときにそれを言われると「やっぱりそうかな……」と受け入れそうになることもあります。頑張っているときには心の中で「バカヤロー！」と。反骨心ですよね。無理してでもやらないと昨年の自分には勝てない。なかなかうまくはいかないけど、気迫だけは持ち続けたいですね。

2022大会をめざして

――TJAR2020が21年に延期になりましたが、その次は現時点（21年5月）では22年夏に開催予定と発表されていますね。

岡田　〝1回休みルール〟で、今年開催されれば来年はエントリーできるので、挑戦したいですね。となると、今年の夏に（参加要件のための）経歴を作らないといけないので、アルプスに通うつもりです。ロードのタイムは、今年の秋から来年の春までに出したいですね。私の場合は100㎞で考えています。フルマラソンのベストタイムは3時間22分で、まだ参加要件のタイムを切ったことがないんですよ。ロードが苦手なので、プロのコーチにトレーニングメニューを組んでもらおうかなとも考えています。

竹内　私も、22年のTJARをめざしています。近況でいうと、5月に走る予定だった100㎞のウルトラマラソンがコロナで中止になってしまった。4月は久々に調子がよく走り込みができて、月間走行距離は自己最長の522㎞に到達しました。腰の痛みも出なくて、ウルトラ100㎞もいけるぞと思っていたら……、ガックリ。私は暑さが苦手なんです。山の宿題（要件）はクリアできても、マラソンがなかなか難しい。ウルトラマラソンは日照時間の関係もあるから、夏に開催されることが多い。次、どこの大会を狙おうか考えています。夢だけは持って、一つずつ、宿題をやっていく。できたら出たい。出られるように努力しています。それしか言えないですね。

――2回TJARに出場されて、終わった後のダメージなど変化はありますか。

岡田　18年のほうが体がラクでしたし、終わった後の回復が早かった。一度経験して、体が慣れたこともあるだろうけど、失敗したとはいえ、1回目より2回目のほうがしっかり補給できましたね。18年のタイムは16年より30分くらい遅いのですが、トータルの睡眠時間は、18年のほうが2倍くらい長いんです。16年のときは休むのが怖くて、睡眠を削ってボロボロになりながら、遅いペースで歩き続ける、という悪循環にはまりましたね。18年は、ちょっとペースが落ちたと思ったらスパッと休んで寝る。そこは意識しました。しっかり寝て体を回復させたほうが、休んだあとはそれなりのペースで動けますから。終わった直後はやはり、1、2週間は走る気力は出ないですね。でも16年は9月のＵＴＭＦには出ました。確か、竹内さんと一緒になりましたね。

竹内　お会いしましたねぇ。16年のＵＴＭＦは悪天候で結局短縮になってしまったけど、申し込んだレースは、ダメ元でもスタート地点には行きます。まぁＴＪＡＲの後はまともには走れませんけどね。18年は、秋にトレイルランのレースに出ました。走る気になったのは10月くらいかな。約2カ月で普通の生活に戻れると思いますが、まともな練習は難しいですね。

――体の芯に疲れが残りませんか？

竹内　ずっと疲れが残っています。もともと眠りが浅くて、なかなか回復しないんです。ノンレム睡眠が少ないんですね。疲れた体のまま、距離だけ積んでいる。なんとなく、月間400㎞くらい走っていないと、フルのスタート地点に立つ資格はないよと、もう一人の自分が戒めて、そこを目安にしています。市民ランナーにとって400㎞は並大抵ではないけれど、気持ちだけは、サブスリーで走っていた頃と同じでいたいですね。

――疲労が溜まったときなど、日頃の体のケアについて教えてください。

竹内　細かく考えてはいませんが、ビタミン、カルシウム、鉄などのサプリメントは飲んでいます。効いているのかなぁ。特効薬はサボることですね。本当に疲れたときは「今日はサボろう」と休みます。その分、翌日以降の走行距離がサボった分（借金が）増えるので、いかにそのつらさをごまかしながらやれるかだと思っています。

岡田　18年のTJAR前のトレーニング記録を振り返ると、毎週30㎞走とかやっていました。これくらい走らないとタイムは出せなかった。もう一度これができるかなと弱気になりつつ……。でも練習するしかないよねと。やりすぎるとオーバーワークで潰れちゃうので、時々息抜き。ケガの一歩手前で休むのが難しいんですよね。痛い目にあわないと、どこまでやったらダメだというのがわからないので。

竹内　そう、そこは経験値なんですよね。他の選手の皆さんと比べたら基礎体力が劣るので、故障しない程度に無理をしないと、スタート地点に立てないと思っています。体が壊れない程度に無理してなんとかしのいで……。それでやっと皆さんについていけるような状態ですね。人並みのことをするには、ある程度の無理は当然だと思っています。

――TJARの初出場の16年、竹内さんは56歳、岡田さんは52歳でした。挑戦にあたり、年齢的な壁は感じませんでしたか？

岡田　ロードの参加要件を満たすことができれば、ほかの参加条件はクリアできるんじゃないかなと思っていました。16年は本戦に出られるとは思っていなかったのでスタートまでに不安はありましたし、それまで50代では岩瀬さんしか完走した人がいないというのはもちろん知っていましたが、うまくやれば完走はできるかなと。52歳という年齢の壁はあまり感じなかった。ただ、今は正直、きついなと感じています。私の場合、エントリーの壁を感じるとしたらマラソンのタイムだけです。逆に、自分があのタイムを出せれば、山でのスピードは大丈夫だろうと。どうしても加齢でスピードは落ちてくるので、それに抗うトレーニングを積むのが大変ですね。60代でもフルマラソンをサブスリーで走る人はいるので、やればできるはずだけど、それを実際にやるのは大変だなと感じています。

——長時間行動という面ではいかがでしょうか。

岡田　私の感覚では、スピードを抜きにすれば、やればできると思っています。選考を突破できるかはわからないけど、TJARは楽しいし達成感があるので、あと1回か2回は出たい。でも、ほかにも自分の挑戦としてやりたいことがあります。自分の人生で残された時間とお金は有限なので、優先順位は考えていますね。懸念があるとしたら、TJARは楽しいのですが、これをやるためにはほかのことができなくなる（苦笑）。優先順位がいつ変わるかわからないけれど、今はTJARをやりたい。やり残した感があるので……。特に18年は悔いが残っています。静岡駅を過ぎてから、もうリタイアしたい、と思ったくらい。ゴールに行くのが嫌になってしまった。竹内さんが後ろから来てくれたのも刺激になって、気持ちを立て直しましたけど、それくらいの失敗レースをしてしまった。もう一度だけでもやり直したいですね。

竹内　ほかのところでも話していますけど、私がTJARを知ったのは12年のNHK番組。

もっと早く知りたかったなと。14年は選考で落ちて、16年は本戦に出られただけでも舞い上がっていた。17年に個人で全行程を通してやってみて、その経験が18年に生きたかなと思っています。年齢の壁を感じるとしたら、やはりフルマラソンの3時間20分という記録がなかなか切れなくなってきたことですね。体重が減って足が細くなっている。筋肉も落ちているんでしょうね。

岡田　私も足は、どんどん細くなっていますね。走ったあとに、腿とかふくらはぎとかマッサージしていると感じます。ザックを背負って山を歩けば筋肉がつくと思っていたけど、以前よりも山の下りの踏ん張りがなかなかきかなくなってきた気がしていました。ジョグのあとに自重でスクワットをしたり、筋トレを意識的に取り入れていますね。

——竹内さんは22年には62歳になりますね。

竹内　62歳と言われると、自分でもびっくりします。前回、18年の予選会で61歳の人がいました。その人もフルマラソン3時間20分をクリアしたんだなと。肉体的なハンディを、どう根性で切り抜けられるか。モチベーションがなければ、60代だろうが、30代、40代だろうが、同じだと思っています。

——18年に完走されて、もう一度挑戦しようというモチベーションはどこから?

竹内　それはやっぱり60代での完走ですね。18年で最年長と言われたけれど、60歳でもやってみたい。無理は承知です。挑戦したい。一つ一つ、宿題（参加要件）をクリアするだけですね。やってダメならあきらめがつきますから。往生際が悪いんですよ。年代に限らず、頑張っている人たちの姿を見て、刺激をもらって自分の肥やしにしています。自分に置き換えるというか、自分もそういうイメージを持って、まだやれるぞ、と。外からの刺激に何とも思わなくなったら、ただのオジサンになるかなぁ。まだそうなりたくないと思って自分にノルマを与えています。

岡田 私の場合、最近いちばんネックに感じているのは、16年や18年のころと同じような情熱で取り組めるのかなと。TJAR2020も開催されるかわからないし、自分がエントリーできるのが来年なのか、その先かはわからない。でも竹内さんもおっしゃいましたけど、チャレンジする前にあきらめたくないんですよね。チャレンジして、要件に届かなかったとか、選考で落ちたら仕方がない。でも自分からあきらめたくない。まだ走れるのに、まだ関門にも引っかかっていないのにリタイアするのは嫌なんですよね。

竹内さんのモチベーションは「60代」だと。私は、今57歳で、来年出られたら58歳。TJARがいつまでこのかたちで開催されるかはわからないけど、新ルールで2回出て一度休み、となれば、50代で出られるのは3回が限度。自分があと1回完走すれば、「50代で3回完走」という記録が残せる。ほかの人から見たら、しょうもないことかもしれない。でも自分では、そういうことがモチベーションになっています。心が折れたり、調子もモチベーションも、波が高くなったり低くなったりしますが、もう少しあがいてみようかなと。やっぱりこの大会は、しんどいことも多いけど、楽しいんですよね。しんどいのと達成感が絶妙なバランスというか。過去に完走した選手は「普通のサラリーマンができる最大限の冒険」と表現していましたけど、そういう感覚です。

――年齢が強み、利点になっていると感じるところはどうでしょう？

岡田　自分の場合、スピードはないのですが、いろいろな経験はしているので、パニックになりにくい、トラブルのときの対応能力はそれなりにあるかなと。あとは、ＴＪＡＲのこの距離だと、ロードや１００マイルレースでは到底敵わないような若い人たちと勝負ができるんです。これを言ったらイヤらしいけど、若くて速い人が最後のロードで潰れているときに抜くと「やったぜ」という気持ちになります（笑）。トップ争いはできないけど、本来、自分よりもよっぽど強い人と、抜きつ抜かれつできるのは楽しいですね。

竹内　自分よりはるかに力のある人と競り合ったり、追い越すのが嬉しいという感覚はよくわかります。我ながら嫌な性格ですね（笑）。フルマラソンでも、陸連登録者のゼッケンを抜くときに、ヨシッという気持ちになるのと同じかな。自己満足の世界ですね。私の強みは、ごまかし方がうまくなかったかなという気がします。経験値かもしれないけど、苦しさや痛みに耐えるのではなく、いかに何かに置き換えて自分をだませるか……。そういう知恵は備わってきた気がします。

――今後も50代の完走者は増えていくと思いますか。

岡田　そう思います。誰でも、とまでは言いませんが、健康で適切なトレーニングをすれば完走はできると思います。それこそ、トレーニングのための時間、大会の日程を休めるか、あとはお金のこともあるでしょうけど。

竹内　おっしゃるように、経済的なこと、あとは家族のこともあるでしょうけど、そこさえクリアできれば。一つ条件があるとしたら、ＴＪＡＲに関しては、山屋の端くれでないと完走できないと思います。ＴＪＡＲはトレイルランの大会ではない。山屋の自己満足の大会だと私は思います。山屋として自然の営みのなかで、いかに自分と向き合いながら生き延びていくか……。そういう気持ちが必要かな。ただ脚力があるとか、走るのが速いという人ではなく、山屋さんでちょっと走るのも得意な人だったらめざせるでしょうね。

岡田　この大会に出てみたい、興味があるという人はけっこうたくさんいますよね。実際、要項や大会報告書を見れば、完走に必要なこともちゃんと読めばそこに情報はある。その上で、どこまでやりたいと思えるか。選考会に出てくる人は、何度目かのチャレンジという人もけっこういる。2年に1回なので、1回つまずいちゃうとタイミングによっては、垣内（康介、18年優勝）さんみたいに10年越しで、となってしまうこともある。そこまで情熱を持てるかどうか。そこがいちばん大きいと私は思います。その情熱がある人であれば、30代、40代、50代あたりの年齢の差はそんなに関係ない気がしますね。

竹内　ルールが変わって、山小屋での補給なしになれば、より一層、山屋、ボッカに近くなる。本来の山のスタイル、登山に近くなりますね。そこでこのレースに情熱を費やせる人はどれだけいるのか。

岡田　ルールが変わって厳しくなるのは確かですよね。荷物も2㎏くらい重くなったらダメージも大きくなるでしょうし、体重が軽い人ほど、負担が大きくなりますね。疲れた状態で、南アルプス分の食料を全部背負わないといけないのは、どのくらいきついのか、自分もまだやったことがないからわからない。逆に、普段からテント泊縦走している人にとってみたら、その延長ですよね。山ってそういうものでしょと思っている人なら、そんなに負担に感じないのかもしれない。

竹内　軽量化も必要だけれど、大事になってくるのはやっぱり食事。自分の体に見合った、必要な食料をどれだけ持てるか。自分の体に見合う、ガス欠にならないような、バランス。その計算ができるような人が強いでしょうね。

——健康寿命もどんどん上がっているなか、60代での完走の可能性はどうでしょう。

竹内　望月（将悟）さんが60歳になって出れば、確実に完走できるよ（笑）。望月さんには、60歳で最速の記録を作ってほしいですね。私もそうですが、マラソンでも自分より上の年齢の人のすごい記録を見て、刺激をもらうことが多々あります。

岡田　今までのＴＪＡＲで5日とか6日と数時間くらいでフィニッシュしている人なら、年齢が上がっても、もう1日あれば完走できるでしょうね。その年代になったときに、健康でいられるか、やる気になるかの問題。そして60代で一人が達成したら、次もどんどん出てくると思います。14年まで、50代で完走したのは岩瀬さんだけだったので、ハードルが高いイメージがあった。16年、18年で一気に50代での完走が増えましたから、これからもっとエントリーの人数も増えると思います。

竹内　山の中やレースで握手を求められて「私も50代なんです。竹内さんの姿を見て、

TJARをめざしています」という人にけっこう出会います。あの人ができるなら自分にもできるだろう、と思う人はどんどん出てくると思う。自分も同じように、年齢が上の人から刺激をもらってきましたから。

岡田　今はいろいろな大会の過去のリザルトがネットでわかるじゃないですか。例えば、私のハセツネのリザルトを見て、このタイムでTJARを完走できるんだ、と自信を持つ人もいると思う。きっと60代でチャレンジする人も増えてくるでしょうね。どうしても枠が決まっているので、ずっと出場し続けるのは難しさもある。ある程度やって満足したら、また年齢が上がったときに挑戦しようという人も出てくると思います。

竹内　TJARは枠が30人分しかないけど、年代別の優勝者を決めてほしい（笑）。ロードレースだと年代別で表彰してもらえるじゃない。やっぱり何歳になっても表彰台のいちばん高いところには立ちたい。そういうことはやっぱりモチベーションになるので。

岡田　その気持ちはよくわかります。年代別表彰のない大会でも、自分より上位の人の年齢は全部、調べます（笑）。自分は50代で何番目だ、と。自己満足ですけど（笑）。

竹内　やることは一緒やな（笑）。そういう、本筋じゃないところでモチベーションを保って、悪あがきができるうちは、夢を見続けたいですね。

過去の50代挑戦者のリストと結果（カッコ内は大会時の年齢と出場回数）

04年	加藤幸光	（50歳・2回目）	制限時間オーバー（8日6時間で完走）
06年	岩瀬幹生	（51歳・3回目）	駒ヶ根高原にて（仕事の都合で）リタイア
08年	岩瀬幹生	（53歳・4回目）	○完走　7日14時間21分　※最年長完走（当時）
	加藤幸光	（54歳・3回目）	上高地でリタイア
12年	平井小夜子	（50歳・3回目）	百間洞でリタイア
14年	中村雅美	（50歳・初）	中ア池山でリタイア
	町田吉広	（51歳・3回目）	一の越山荘でリタイア
	平井小夜子	（52歳・4回目）	三伏峠でリタイア
16年	岡田泰三	（52歳・初）	○完走　7日19時間56分
	竹内雅昭	（56歳・初）	井川CPでリタイア
18年	高島伸介	（52歳・初）	○完走　7日12時間40分
	古澤法之	（53歳・初）	○完走　7日17時間10分
	岡田泰三	（54歳・2回目）	○完走　7日20時間25分　※最年長完走（当時）
	竹内雅昭	（58歳・2回目）	○完走　7日23時間17分　※最年長完走
	岩崎　勉	（51歳・5回目）	三伏峠でリタイア

登壇者プロフィール

竹《たけ》内《うち》雅《まさ》昭《あき》

59年生まれ、福井県在住。学生時代は夏に山小屋アルバイト、冬はネパール単独トレッキング、東海自然歩道を完歩。現在、冬はスキー指導員も務める。

岡《おか》田《だ》泰《たい》三《ぞう》

64年生まれ、神奈川県在住。学生時代はグライダー。40代に打ち込んだ空手ではシニアの日本チャンピオンも経験。40代後半に山やランニングを始める。

対談 女性パイオニア

21年4月14日実施

出席者＝鈴木（前姓・間瀬）ちがや、星野 緑

聞き手＝宮崎英樹、松田珠子

――ちがやさんは2004年の第2回から4大会連続で出場していて、10年大会まで出場しています。06年大会では男女総合優勝という偉業を達成されています。TJARに出場する以前はどんな活動をされていたんでしょうか?

鈴木 もともとは山登りをしていました。特に好きだったのは沢登りと山スキーです。90年代後半、私が30～31歳ごろですが、下の子が生まれて間もない頃は、子どもをバギーに乗せて公園まで走ったりとかしていました。それでたまたま、「秋川渓谷自然人レース」という、川の流れの中や河原を10km走るレースに出てみたら、意外に走れちゃったんです。山を走れたら楽しいなと思うようになって、99年に、「北丹沢12時間山岳耐久レース」（略称キタタン）に初めて出ました。

――ちがやさんにとって、99年のキタタンが初めてのトレイルレース出場で、このときは女子2位。当時は、日本山岳耐久レース（ハセツネCUP）と、このキタタンが、二大山

星野緑（上）、鈴木ちがや（下）

岳耐久レース、今で言うトレイルレースで、この2レース以外に山を走るレースはほとんどなかった時代です。そして、同じ99年にハセツネCUPに初出場して、こちらは当時の女子コースレコードで優勝していますね。当時、トレーニングなどはされていたんですか？

鈴木　うーん、あまり覚えていないんですよね（笑）。トレーニングについては、自転車のヒルクライムレースを始めたとき、08年ごろからはハートレートモニターを付けて、競技のための練習をしました。いま思い返すと、必死に練習していたのは自転車。当時は自転車雑誌をよく読んでいて、心拍トレーニングの記事が出ていたんです。私は飽きっぽくて、練習は長くて1時間くらいしか続けられませんし、バイクのトレーニングは室内でできるので。ヒルクライムのレースに出るなら上位に入りたいなと思って、その頃は練習していましたね。

星野　ちがやさんは、私の地元（群馬県川場村）の上州武尊山を一周する自転車レース「ジロ デ 武尊」をぶっちぎりで優勝したりしてましたよね。08年とか09年あたりだと思います。

――トレイルランでは、07年5月のハコネ50kで優勝して、その副賞で同じ07年のUTMB（ウルトラトレイル・デュ・モンブラン）の出場権を獲得して、鏑木毅さんとと

もに出場しています。トレイルレースでは、07年と08年の2回、ニュージーランドのケプラーチャレンジにも出場していますね。それから10年には山岳スキー競技のアジア選手権に出場されています。TJARには04年から出ていますが、きっかけを教えてください。

鈴木　岩瀬さんのご友人で、02年の第1回TJARにも出場していた加藤幸光さんに教えてもらいました。東海自然歩道を高尾からスタートして進むマイナーな大会があって、加藤さんや石川弘樹さんたちが出ていたんですけど、そこで教えてもらったのかな。その頃は山を走るのが楽しくなっていて、こんな機会はそうそうないので、「やってみるか」と思ったのがきっかけです。

――その頃、日本アルプスなどの登山にはよく行っていたんですか?

鈴木　子どもが生まれる前は、沢登りや山スキーによく行っていました。日本アルプスには主に沢登りで行っていました。1泊とか数泊の沢登りが好きでしたね。紀伊半島の沢にはよく行きました。北アルプスでは赤木沢、南アルプスでは黄蓮谷などを登りました。紀伊半島の沢については、私は以前奈良に住んでいて、沢がきれいな思いがすごくあって、子どものころよく行っていた記憶があって、沢登りに行ってみたら、いい沢がいっぱいあったので。ただ、子どもがいると何泊もの沢登りはできないので、もっと短時間でできる山岳走とか自転車競技のほうに自然と移っていきました。TJAR出場を決めたのは、まだ行ったことがない山に行きたかったから。自分が持っている何かが発揮できるかなあ、という思いもありましたね。沢登りなどの経験があったので、山の中で何かあっても自分で対応できると思っていました。

――04年のTJAR出場に向けて、特別な練習はされましたか？　それとも「行けばなんとかなるだろう」と？

鈴木　はい（笑）、そんな感じです。当時はレース前に試走する人はいなかったと思います。

――当時はみんなそういう感じだったんでしょうね。選手の人数も今より少ないですよね？　単独行動が多かったと思いますし、夜も歩き続けることに対する怖さとか、そういうものはなかったんですか？

鈴木　そういう怖さはありませんでしたが、人が突然パッと出てくるとか、そっちの怖さはありましたね。山の中はちょっと不安はありましたけど、夜のロードのほうがずっと怖いなと思っていました。

――事前の準備、シミュレーションはしていたんですか？

鈴木　地図を見て、1日目はどこまで行きたい、というのは前もって考えて、全体の予定を組んでいました。ここまでは行けるかな、最低限行っておかないとな、という場所は決めていました。そこまでは進まないと次の日がつらくなるな、とか。

――どんな装備や食料を、どれくらいの量を用意すればいいかも自分で考えた？

鈴木　もちろん考えてはいたんですけど、食料が尽きると悲しいので、たくさん持っていきましたね（笑）。最初に出たときは食べられなかった記憶しかないんですが、エナジージェルはたくさん持っていて、カップ麺もかなり持ちました。私はベビースターラーメンが好きで、行動中によく食べてました。アルファ米も持っていきました。岩瀬さんがよくアルファ米を召し上がっていたんですけど、私はあまり合わなくて。持っていって、ほぼ全部持って帰ったという（笑）。

――04年は田中正人さんが優勝で、ちがやさんは2位。続く06年はちがやさんが総合優勝した年ですが、出場者は6人だけでした。

星野　私はこの06年大会のレポート記事を『アドベンチャースポーツマガジン』で読んで、「出たい！」と思ったんですよ。それで08年と10年、ちがやさんと一緒に出場しました。

――ちがやさんは計4回出場して、すべて完走していますが、タイムはちょっとずつ速くなっています。前回タイムより速くフィニッシュしたいという、アスリート的な気持ちがあったんですか？

鈴木　というより、レース後半になると、むくみがひどくなるのがわかっているから、できるだけ早く行ったほうがいい。そのほうがむくみが少ないとか、疲れないかなー、とか。ロードをできるだけ早めに行こうとは思ってましたね。あとは、道を間違えなくなったことも大きいかな。最初のころは不安で、つねに地図を見ていました。道を間違えると時間を取っちゃうから。何度も出ているうちに、ここの道を行けば早いとかわかってきたので、それも大きかったかなあ。

――スタート地点の魚津を出てすぐ、選手が二手に分かれる道があり、一つは「間瀬ルート」と言われていますね。

鈴木　はい、地形図で調べて見つけました。

――深夜0時スタートの暗闇で、しかも下見もなしで進むのはリスクが高いのでは？　道がつながってない可能性もありますし。

鈴木　私はいつも、前日に現地入りして、スタート地点の近くの宿に泊まっていたんです。前日に車で下見しました（笑）。

――ルールでは、決まったCPさえ通過すれば、あとはどこを通ってもいいことになっています。ちがやさんが通常と違うルートに進んで、ついてくる選手もいましたか？

鈴木　いましたね（笑）。結果的に通常ルートより早く行けました。

――北ア～中アの区間や、中ア～南アのロード区間でもショートカットを考えましたか？

鈴木　考えました。緑ちゃんは知ってるかな？　まだ知られてないと思います。

――まだ誰も知らない抜け道があるんですか？

鈴木　あります。わたし、地図を見るのが好きなんですよ。レースの前に家で地形図を見てたら、これはもしかしたら行けるんじゃないか、地形的にも間違えることは絶対ないし、と思って。そこは下見せず、勘で進みました（笑）。そしたら意外に下草も少なくて。

――それはどのあたりですか？

鈴木　後半ですね。それで、実際どれくらい違うのか確認したくなって、その次のTJARで、全部ロードで行ってみたら、すごく長くてイヤになっちゃいました（笑）。

――初めてTJARに出たとき、睡眠時間を削ってまで行動する点には抵抗はなかったん

ですか？

鈴木　睡眠は5時間くらいは取っていました。ツエルトで寝て、生活リズムも守っていました。夜になって暗くなるくらいには、山の中でもできるだけ寝るようにして、起床は深夜1時と決めていました。暗くなったらビバークする場所を探して早めに寝て、5時間くらいで起きて、1時に起床して、コンタクトレンズを入れたらスタートする、というリズムでしたね。コンタクトレンズをつけるのに毎回1時間くらいかかってましたけど（笑）。とくにレース後半はむくみがひどくなって、なかなかコンタクトを入れられなかったのを思いだします。

――何日目はどこで寝ようと、あらかじめ決めて行動していたわけではないんですね？

鈴木　いちおうは決めてるんですけど、夜が迫ってきたら前倒しで寝たりしていました。わたしは寝ないと朦朧としてしまうので。男性たちは、寝ないでもけっこう行動できるとおっしゃってましたが、私は寝ないと行動できないので。

――毎日5時間寝ていても、完走タイムは6日台だったり速いですね。

星野　そうなんです、ちがやさんは速いんですよ。

――ハセツネCUPを、安定して9時間台で完走するスピードがありますからね。

鈴木　うーん、自分ではわかんないですね。

――緑さん。ちがやさんとの思い出はいかがでしょう？

星野　いろいろな小細工は教わりましたね（笑）。たとえば、軽量化のために、コッヘルの蓋はアルミ箔で代用するとか、寝るときのマットはお尻だけあったかければいいから小さいのでOKだとか。山の中では動物に戻れ、というアドバイスももらいました（笑）。

——お二人は、緑さんが初めて出場した08年大会より前からのおつき合いですか？

星野　共通の知り合いがいて、何かでお会いしたんです。会った経緯は忘れちゃいましたけど、私からすれば、当時のちがやさんは「雑誌の中の人」という感じでした。

——ちがやさんは、最近はどういうことをされているんですか？

鈴木　400ccのバイクでツーリングはよくしていますが、山歩きも続けています。今は東京近郊の山の近くに住んでいるので、裏山歩きですね。人がいっぱいいる山はいやで、行くのはマイナーなコースです。わざわざ人の多い山には行きません。花も好きで、インスタには花の写真ばっかり上げてます。将来的には今の家を基点に、何かイベントのようなことができればなあと。

星野　いいですね。ちがやさんらしい何かができると思いますよ。

鈴木　トランスジャパンに出ていたときの、星を見ながら歩き始めて、走って朝を迎えて、という感覚とは違うかもしれないですけど、これまでレース中に一人で見てきた美しい景色を、もう一回見てみたいという思いはあります。走りませんけどね（笑）。

——具体的にはどんなシーンが記憶に残っていますか？

鈴木　よく、薬師岳の手前でビバークしたんですけど、薬師岳に上がるころにちょうど星が満天になって、それがとても印象深くて、もう一度見てみたいです。それから、南アルプスの荒川岳あたりかな、ずっとトラバースしたあとにガレ場の峠に出て、そこで富士山がバーンと現われて、それを見るのが毎回楽しみでした。あとは中アの空木岳。最後、下り始める場所の雰囲気が好きで。そして、北アルプスの黒部五郎のカールかな、きれいな水が流れてるんですけど、服を全部脱いで体を洗ってました。もう、水浴びレベルではなく全身（笑）。そういうふうに、少しずつ記憶に残っているのを、全部は行けないかもしれないけど、もう一度行ってみたいなあと。

――TJARの間は、動物に戻るというか、感覚的に研ぎ澄まされているというか、そういう感じはありましたか？

鈴木　そうですね、なんか「自分そのもの」という感じですね。体も臭くなってますけど（笑）。緑ちゃんはどう？

星野　うーん、すごーく臭かったですよ（笑）。ヤバいですよね（笑）。

――山を下りてから、ウェアも体も洗えずにお店に入るときがありますよね？　それは気になりませんでしたか？

鈴木　自分がゴールしてから他の選手の応援に行ったとき、その選手がコンビニに入ったのでついていったら、中がものすごい臭いで（笑）。私も相当マズかったんじゃないかって改めて思いました。あと、市野瀬でお風呂に入ったとき、脱衣所で知らない人が「すごい臭い！」と言ってました（笑）。レース中は自分の臭いは気になりませんでしたね。でも今思うと、動物が通ったあとってけっこう臭うけど、私もそういう状態だったのかなと（笑）。

南アルプスから下りてロードを下る途中、山の中にパスタ屋さんがあって、そこのベンチでペペロンチーノを食べました。むくんでて、汗を出したかったので、にんにくの臭いも気にせず（笑）。

星野　ちがやさん、むくみ対策とか、いろいろ考えててすごいです（笑）。

鈴木　考えてない考えてない（笑）、行き当たりばったり。

星野　私はほんとに何も考えてないからダメですね。私こそ行き当たりばったりで、どうにかなるだろうって思っちゃうから。

鈴木　でも緑ちゃん、それでもどうにかなっちゃうんだからすごいよ。

星野　ほんとにね、恵まれてるんですよ。今は情報も多いし、試走したり努力されている方が多いけど、私はほんとに申し訳ないけど何もしてないから。よくできたなあと。大変なことをしたなんて自分では思ってないんです。やりたかったからやっただけで。

――人が大変に感じることを、楽しくできるのが緑さんなんじゃないでしょうか？　ハセツネの試走も、一気に一周したりされていましたよね。

星野　そうですね、せっかく行こうと思ったら、短い時間でちょこっとじゃなくて、全部回ったほうが楽しいかなって。欲張りなんですよ。

――緑さんは、ちがやさんが優勝した06年大会のレポート記事を見て、出てみたいと思ったとのことですが、レースに興味をもったのか、ちがやさんにあこがれたのか、どちらですか？

星野　両方ですかね。こんなすごいことをする女性がいるんだなと。ＴＪＡＲも「おもしろそう！」と直感でした。その当時、レースは少なかったし、他の選手と会場で会えて話せるじゃないですか。ちがやさんとは、それでだんだんお近づきになれたんだと思います。当時、ちがやさんによく言われたのは、「緑ちゃんは練習は遅いけど、本番は速くなるね」って（笑）。

鈴木　ハハハハ。

――当時はハセツネでちがやさんが1位、緑さんが2位のこともありましたよね。

星野　ありましたね。でも私はタイムは速くなくて、ラッキーなだけです。当時はちがやさんとも一緒に山を走りましたね。今は子育てと仕事で、早朝しか自分の時間がないんですよ。明日も朝4時から友達と走りに行きます。起きられるかな（笑）。

鈴木　頑張れー。緑ちゃん、また山に一緒に行こうね。

星野　ありがとうございます。ぜひぜひ。楽しみにしています。

実行委員会メンバー座談会

21年5月20日実施

出席者

飯島浩（代表）、田中正人（副代表）、湯川朋彦

聞き手＝宮崎英樹、松田珠子

――ＴＪＡＲ２０２０（21年夏開催予定）の実行委員会は、今日ご参加くださった代表の飯島さん、副代表の田中さん、湯川さんを含めた8名体制（※創始者の岩瀬幹生さんは顧問、文末にメンバー名記載）とのことですが、実行委員会の代表が岩瀬さんから飯島さんに交代したのは何年からになりますか？

飯島　12年からですね。10年まで岩瀬さんが中心でやっていて、自分と田中さんが補佐として運営に関わっていました。岩瀬さんから、代表を誰かにやってもらいたいという話があって、ＴＪＡＲの初期の頃からいるのが、自分と田中さんだった。僕は中央アルプスや北アルプスにアクセスしやすい伊那市に住んでいる。田中さんはアドベンチャーレースで忙しそうだし、自分しかいなかった、というのが経緯です。

田中　ＮＨＫの撮影取材を受け入れるタイミングでしたね。依頼があって、受けるか受けないかで、実行委員会内でかなり議論になりましたよね。

上から湯川朋彦、飯島浩、田中正人

飯島　岩瀬さんとしては、このレースをより多くの人に知ってほしいという気持ちはあったと思う。ただ、テレビで放映されるとなると、どうなるのだろうと懸念もあった。でも最終的には、取材を受け入れることで合意しました。テレビの影響はやはり大きくて、12年を境にガラッと変わったのは間違いないですね。

田中　それまでは、あくまで仲間うちの〝草レース〟。警察に登山計画書は提出していましたけど、諸官庁への許可申請などは取っていなかった。飯島さんが大会前に関係各所をまわるようになったのは、テレビの取材が入ったことがきっかけですよね。

飯島　14年からですね。12年大会がテレビで放映されて、草レースだったのが……、今でも草レースという認識ではいますけど、一気に認知度が高まった。さすがに公的な許認可を得る必要があるだろうと。

湯川　特に飯島さんの負担は大きかったですよね。

飯島　12年大会の後、2年間かけて関係機関をまわりました。TJARのコースは、5県20市町村にまたがっているので、行政（市町村）を回るだけでも時間がかかる。14年から実行委員会のメンバーになった畑中(渉)さんが富山県山岳連盟に所属していたので、富山県と岐阜県は畑中さんにお願いして、それ以外の関係機関はほぼ私がまわりました。環境省、各山小屋、森林管理署、地元警察……。環境省の理解を得るには、各山域の山小屋の了承を得ることが条件だったので、TJARに関係する37軒の山小屋にも足を運びました。

——当時は、TJARのスタイルが山小屋側の理解を得るのも難しかったそうですね。

飯島　そうですね。当時は今よりもトレイルランへの風当たりは厳しかったですね。「山を走るなんてとんでもない」と厳しいこともけっこう言われました。実際、トレイルランスタイルの軽装で山に入ってマナーが悪い人もいる。「いくら〝自己責任〟だといっても、遭難者が出たら、助けるのは山小屋の関係者だ」と言われたり……。その意見はもっともなんですよね。そういう声を受け止めつつ、登山者を押しのけてまで行くわけではない、TJARの考え方のベースは登山だということを伝え、納得してもらえるように何度も説明しました。あの頃は本当に大変でしたね。

——選考会も10年くらい前とは形式が変わっていますよね。

湯川　南アルプスで両俣小屋を使った選考会をやるようになったのは10年からですね。それまでは、選考会A、Bと2回やっていました。選考会Aが中央アルプスで、駒ヶ根高原から木曽駒ヶ岳、空木岳をまわるコース、Bが立山の雄山から上高地に抜けるコース。岩瀬さんが一人でエントリー書類を作って募集していましたね。

飯島　当時の選考会はビバークもなく、ワンデイで行けるコースで、選考会の意味合いが今と違いましたね。トレイルランをやっていて、山を速く走ることができれば出られるような感じでした。ただ、そのやり方では選考として不十分だった。TJARの本戦では、3000m級のアルプスの山で、夜中に嵐に遭う可能性もあるわけです。昼間の中〜低山のトレイルランしか知らないような人が本戦に出場する状況を目の当たりにして、このままじゃまずいでしょう、という話になったのが08年のあと。選考会の基準には何が必要なのか、岩瀬さんたちと話し合って、10年からは今のように途中のビバークを含めた選考会を始めました。

――今は参加要件も選考会も厳しくなっていますが、段階を追って変化してきたと。

飯島　どんどん厳しくなった、と言われればそうかもしれないけど、結局、やっていくとルールに抜けている穴があるんですね。選手もその隙をついてくるので、そこを塞ぐ手立てを考えていくと、結果としてルールや参加要件が細かくなっていった。実行委員会としては、本来、あまりガチガチに、あれもダメ、これもダメとはやりたくないんです。ただ、自由にしてしまうと、参加した選手が何をするかわからない。スタッフとして判断に迷う場面も多くなる。ある程度、形式を決めておくと自分たちも判断しやすいんですよ。そういうこともあって、今の形になりました。

だからあまり細かくルールを設定するのは本意ではないんです。実際、今の選手たちを見ていると「コースタイムは○時間だから、ここで○時間寝なきゃ」みたいに、数字に捉われている人もいる。ジレンマを抱えながらも、実行委員会として、余計な意識を挟まずに淡々と判断するためには仕方がない面はありますね。

――参加資格自体は回を重ねるごとに厳しくなっているわけではないと。一定以上の走力、山の技術がある人であれば参加できるレースということですよね。

飯島　そうです。書類選考や選考会の基準が何かといえば、ＴＪＡＲを完走するためにはこれだけの力が必要ですよ、というライン。実際にフルマラソンで3時間20分以内という基準で、多くの人が完走できている事実がある。出場選手を絞るために、例えばフルマラソンの記録をさらに厳しくする、というのは本意からずれてしまう。特にマラソンのタイムは如実に参加人数に影響すると思うのでやりたくない。ただ、（基準を厳しくすると）選考する側としてはラクにはなります（笑）。ラクにはなるけど、それはやらないつもりです。

田中　今の選考のかたちでは、選考会の合格者が30人を超えれば抽選になってしまう。18年に優勝した垣内（康介）君も、14年に選考を通過したのに抽選で落ちてしまって、出場が叶わなかった経験がある。実力がある人も落ちてしまうことについて、実行委員会で話し合ったこともあります。でもＴＪＡＲは単なるレースとは違うんですよね。トレイルランのレースでは、トップ選手をできるだけ集めて競わせたり、レベルの高さを求めるところがあると思うけど、ＴＪＡＲはそうではない。多くの人にチャレンジの場を与えたいし、チャレンジしてもらいたい。だから連続出場ができないルールにしましたし、選考会も上から選ぶのではなく、ある一定の基準をクリアしたらみんな平等にチャレンジの場が与えられるんだよと。ただその部分が、選手やめざしている人たちにしっかり浸透していないのかもしれない。

飯島　選考会前にも、スピードだけあってもダメだということは伝えていますけどね。山の総合力を見ています。実際、速い選手でも落選しているわけですから。そこはもう少し発信していきたいですね。

――ＴＪＡＲ２０２０の申し込み人数は？

飯島　今年は少ないです。70人の申し込みがありました。山小屋補給なしルールと、コロナ禍でマラソン大会があまり開催されなかったことが影響しているんじゃないかな。

田中　16、18年は書類エントリーの数が多かったですね。18年は１００人以上が書類エントリーして、選考会には70人が参加しました。

――参加要件の一つであるフルマラソンの記録は18年から「3時間20分以内」と明記されていますよね。書類応募者は全員、その記録を出している？

飯島　16年まではフルマラソンでいうと「3時間20分以内に完走できる体力」と提示していました。当時は、マラソンでそのタイムが出せていなくても山岳能力が十分であればオーケーにしていたんです。山の経験が十分であれば、3時間45分くらいでも書類選考を通過した人もいます。今は「3時間20分以下」とはっきり記載しているので、申し込む人は皆、その記録を切っていますね。

――12年大会がＮＨＫで放映されてから、実際に大きく変わったことは？

飯島　世の中の認知度が格段に上がったので、応援者は確実に増えましたね。04年あたりまでは〝知る人ぞ知る〟レースだった。雑誌『山と溪谷』に記事が掲載されるくらいでしたよね。自分が選手として参加していた初期のころは、レースの期間中、アルプスを歩いていて「今年もやっているんだね」と何人かの登山者から言われる程度でした。14年以降は、応援のために山に入って選手を待っている人たちがそこかしこにいる。SNSなどネット上でレースを追う人も多い。NHKで放映されたことで、トレイルランは知らなくてもTJARは知っているという人も増えましたよね。

田中　今は、山の中では選手がヒーロー扱いされていますよね。ビブスを着ていればTJARの選手だとわかりますし、選手の間では〝ゲレンデマジック〟ならぬ〝ビブスマジック〟という言葉もあるそうです。そこはちょっと、TJARの本来の趣旨や精神性とは違ってきてしまっている気がしています。それは実行委員会でいつも話に出ていますね。

飯島　山ではたくさんの人から声がかかるし、選手たちも優越感があると思う。この数年はそんな感じですね。

田中　最初のころのTJARで山小屋に寄ると「オマエら、何をやってるんだ。ふざけるな」と怒られるので、なるべく山小屋に寄らないようにする感じでしたよ。

――TJARが認知されて、山小屋の理解も増えたのでは？

飯島　このレースが認知されたことで応援してくれる山小屋が増えたことは確かです。ただ、決して好意的ではないところもあります。とりあえず拒否はされないけど、批判はされる（苦笑）。まぁ、夜間に行動することはリスキーなことなので、山小屋の人たちが手放しで歓迎するわけにはいかないだろうとは思います。天気が良ければまだいいけど、選手たちは悪天候でも進みますからね。

——特に14年の台風のときは大変だったのでは。振り返っていかがですか。

飯島　14年の台風は本当にすごかった（※第3章参照）。薬師岳以降の稜線は、ヤマテンの予報では風速40m以上の「行動不能」の暴風雨だった。あのときは、トップの10選手が、薬師岳山荘で一時避難する事態になりました。（その先にある）太郎平小屋の主人から「それ以上進ませるな」と、薬師岳山荘に連絡が入っていたと聞きました。ルールがどうとは言っていられない状況で、外にいる選手たちは強制的に小屋の中に入れると。

田中　あのときは僕が下界にいて、選手マーシャル（衛星携帯電話所持）で上位10人に入っていた船橋（智）さんとやりとりしていました。スゴ乗越を出た選手が全員、薬師岳山荘に到着したのが確認できるまではレースを中断する判断をしました。薬師岳山荘にたどり着いた選手が後続を心配して「スゴを出た選手の安否が確認できるまで僕たちは出発できない。何かあれば救助に向かう」と言っていると聞いて、TJAR戦士を頼もしく思いました。

飯島　僕は選手マーシャルとして参加していて、スゴ乗越のテン場で留まっていました。レースが一時中断になったことを知ったのは、夜中でしたね。

あのときは、事前に台風が直撃することがわかっていた。時間的、位置的に薬師岳山荘はヤバいだろうとは予測できたので、選手たちに初日はスゴ乗越で止まれと言いたかったんです。だけど、そこは選手が自分たちで判断して欲しかった。直前のブリーフィングでは「スゴ乗越を越えるかどうか、よく考えて判断してほしい」と伝えました。本音は、スゴで留まる判断をしてほしかった。でもＴＪＡＲの本質としては、そこで留まれとは言っちゃいけないなと思いました。スタート前には、富山県警の方から「本当にやるのか⁉」とすごい勢いで怒られたのを思い出します。

――富山県警とは事前にやりとりをされているのですね。

飯島　毎回、ＴＪＡＲの前に、富山県警の山岳警備隊とやりとりしています。お世話になります、とは言えないけど、レースを開催します、という連絡ですね。14年のときは、中止にしないのかと強く言われて、最終的には最初の部分のルート変更を決めました。

湯川　本当にギリギリでルートを変えたんですよね。剱岳を避けて、立山駅から入って室堂を経由するルートになった。

――コース変更については事前に想定していたんですか？

飯島　まったく想定していないです。地図を見て、コースタイムと距離でだいたい（負荷は）同じくらいだろうと。スタートする数時間前にこのルートで行こうと決めて、選手たちには直前に伝えました。

田中　もっとも台風が激しかった初日、選手たちが全員無事だったのは本当に良かった。ただあの年は翌日、低体温症になる選手が出てしまいました（※第3章参照）。レース中に、三俣山荘のご主人から抗議の連絡をいただきました。山小屋関係の出来事というと、あのときはいちばん怒られましたね。

飯島　あってはならないことでしたからね。当事者の彼は、低体温の症状を自分で認識できていなかったのが危なかった。あれは場合によっては死んでいてもおかしくない事例でしたね。そのとき、僕は三俣蓮華岳まで進んで体調不良でリタイアを決めました。双六小屋から鏡平小屋まで下り、本部に連絡を入れたときに、低体温症になった選手の報告を受けた。下山サポートのために三俣山荘まで登り返して合流したのですが、彼を見てびっくりしました。ボクシングで10ラウンドを戦った後かのように、顔は青アザだらけ。ウェアもビリビリで、山を歩いてどうしてこういう状況になるんだろうと……。一晩休んで翌日、同じくリタイアしたほかの選手と一緒にサポートしながら新穂高温泉へ下山しましたが、そのときも危なかった。何度も転んで、しかも倒れるときに手が出ないんです。低体温症の怖さを感じたし、あの状態で歩かせてはいけなかったと思いましたね。

――しっかり選考したつもりでもそういうことが起きると、さらに選手の選考が慎重になりますよね。

飯島　まさにそうです。選考会には、参加要件を満たしている人しか来ていないはずなんだけど、明らかに実力が足りていない人もいる。その日たまたま調子が悪い場合もあるとは思いますけど……。参加要件については、18年までは、実行委員会が掲げたことを満たしていればOKということにしていました。ただ、参加要件を満たしていても、選考会で生で見て、これはダメだという事例があったので、今回からは、「選考会をパスしても、判定会議で承認されない場合がある」という記述も加えました。中には、この行動は山屋としてダメでしょう、という人もいるので。

――14年大会の低体温症の事例のほか、大会の存続に関する出来事や安全面での大きな問題などはありますか？

飯島　選手の体調で深刻だった事例でいうと、石田（賢生）君の高山病ですね。肺水腫でレース後に入院になったと後で報告を受けました（※第3章参照）。でも、彼は自分でダメだと判断し、リタイアして、自分の力で下山しましたからね。14年の低体温症の事例では、周囲に選手もスタッフも誰もいない状況だったので、これはまずいねという話になって、16年からスイーパーをつけるようになりました。

田中　18年大会では、判断能力が低下してフラフラになってしまった選手に、スイーパーがリタイア宣告する、ということがありましたね。登山道じゃないところを進んでいたことから、スイーパーが見るに見かねて制止したと。実行委員会としては正しい判断だったと認識していますが、本来は選手が自分で判断してほしかったですよね。

飯島　極度の疲労や睡眠不足によって、判断能力が低下する状況は起こり得るわけです。自分も、12年大会のときには、30時間以上寝ずに歩き続け、判断能力が低下する状況に陥ってしまった。言動がおかしくなった姿が、テレビでも放映されましたけど（苦笑）、あのときは2時間寝たことで回復しました（※7日16時間53分で完走）。そういう、判断できない状況に陥るところまでは仕方がないと思っています。そこでリカバリーできるかどうか。できるのであればいいと思う。18年の事例は、選手が自分でそこで休むという判断ができればよかったのだけど、彼はやみくもに動こうとしてしまった。スイーパーが止めるのは仕方がない事例だったと僕は思います。実際に現場で様子を見ていたわけではないので、細かいところはわからない。なので、そこは現場判断を尊重するしかない。いろいろな考えがあるので難しいところではありますね。あくまでも、自分の行動については選手が自分で判断するべき。ただ、自己判断できない状況になっていたらスタッフが介入することはある。それは選手たちにも伝えています。

――次回から、山小屋での補給不可のルールになりますね。実行委員会の皆さんの意見は一致していたのでしょうか。

飯島　きっかけは岩瀬さんから、「次回こういうのはどう?」という提案があって、実行委員会で投げかけたら、みんなすんなり「いいんじゃない」と意見が一致したんです。ただ、個人的には最初は少し抵抗がありました。18年大会のとき、望月(将悟)君が全行程の無補給、江口(航平)君が山小屋無補給をやると聞いたときはびっくりしました。ただ振り返ると、自分が04年に初めてTJARに出たとき、積極的に利用していたわけではないけれど、山小屋にも寄ることがありました。そのときに、何だかズルをしているような気がしたんですよね。06年、08年と回を重ねるごとに、山小屋を利用するのが当たり前になっていったのですが、そういえば最初は、あんな気持ちだったなと。これが本来のTJARのあるべき姿だったのかなと。

田中　僕は以前から、もう少し選手に負荷をかけてもいいんじゃないか、山小屋は使わなくていいんじゃないか、と思っていたので、実行委員会の話し合いで「山小屋無補給」の提案が出たときにはすぐに賛成しました。テレビでTJARが放映されるようになって、選手たちはヒーロー扱いされて、山でも下界でも応援がすごく多くなりましたよね。孤独と闘って自分の限界に挑戦する、そういったTJAR本来の趣旨とは離れてきていると感じていました。本来のTJARの精神性を高める意味でも、小屋を使わないというのはいいんじゃないかなと。僕はその思いが強かったので、賛成しました。

湯川　自分の場合は、競技ルールなので個人的に強いこだわりはないですね。すべての食料を持つなら持つ、で、どちらにしても、自分の持ち物と行動計画など、いろいろなことを綿密に考えないといけない。さらに余裕を持たないといけない。となると、山小屋の利用を想定した計画って、実はすごく難しいんですよ。個人的にはそこにおもしろさもあるとは思っていますけど。だから、全部背負っていくというのは、ある意味、シンプルですよね。いかに背負うか、いかに軽くするか。山小屋を使うなりのおもしろさ、使わないなりのおもしろさ、どちらもあると思うので。

――記録への影響についてはいかがでしょうか。

飯島　タイム的には変わらないという認識です。少なくとも、荷物が2kgくらい重くなる分、ペースダウンはあるかもしれないけど、そこまで遅くなることもないだろうと。山小屋滞在の時間って、意外にばかにならないんですよね。食べ物を工夫すれば、それほど変わらない。ただ、温かいものが食べられないのは選手たちはつらいかもしれないですね。

——実行委員会は、今後も今の体制でいくのでしょうか？

飯島　10年後、どうしようかと思うところはありますね。今こうして実行委員会メンバーが役割を担当して運営できているポイントは、参加選手が30人と少ないということだと思う。細かくいえば、もう少し人数を増やすことも可能でしょうし、できればもう少し増やしたい気持ちはある。ただ、今の選手の見守り方、関わり方で、40人、50人と増えたら、手に負えなくなるので安易には増やせない。増やしたことで事故が起きたり、決定的な何かが起きるのも怖い。しばらくは現状維持で考えています。もし、この体制で続けられなくなって、ＴＪＡＲという火が一度消えてしまったら、たぶん二度と再開できないのではないかなと。だから、自分が退いたとしても、誰かにやってほしいなと思っています。ただ、今抱えているこのボリュームの自分の仕事を引き継げる人がいるのか……（苦笑）。今、52歳なのですが、ひとまず60歳まではやろうと思っていますね。

田中　僕にとっては、今の実行委員会のチームワークというか、メンバーどうしの塩梅がすごく良いなと。ＴＪＡＲを続けていくにあたってみんなが大事にしているのは、資金や体制ではなくて、ブレない原点。岩瀬さんが創り上げてきたＴＪＡＲのスピリットをみんながリスペクトして、何か問題や議論が起きたら、そこに立ち戻って考える。飯島さんが先頭を切ってブレずにやってくれている。それに対して、みんなが絶対的な信頼を置いている。それはＴＪＡＲの大きな価値だと僕は思っています。

実行委員会の代表がいつか交代するとしても、飯島さんと同等か、それ以上の人が引っ張っていかないと、TJARではなくなってしまう気がするんですよね。今後、どういう人が実行委員会に入って、どうなっていくのかはわからないですけど、まずは〝今〟を大事にしたいですね。そして、1回1回の大会をしっかりと運営していくことだと思います。

飯島　以前、トレイルランなどのレース運営をしているある人から、「TJARについて「もっとうまくやればいいじゃん」みたいなことを言われたことがあるんです。いわゆる興業的なイベントとして、もっと良い方法があるよ、と。興業的なイベントとしてやるなら、確かにもっとやりようはあると思いますよ。ただ、自分たちはどんなイベントをやりたいのか。大きくしたり、お金のためじゃない。そこがブレると、イベントの本質が変わってきちゃうと思います。TJARの原点は、大事に守っていきたいですね。

田中　お金のことは誰も考えていませんよね。実行委員会のメンバーは誰もがTJARの精神性に共感してやっている、それだけですよ。だから、いろんな人から、時には選手から批判されても、ブレずにやれてきている。特に飯島さんはすごいなと思いますよ。どうして、こんなにブレずに貫けるんだろうと。こんなに打たれ弱い人が（笑）。そこが良いですけどね。

——お三方とも、もともと選手として出場していていたところから、今はスタッフをされている。立場が変わって、このレースへの見方が変わったところはありますか？

湯川　自分自身は変わっていないけど、今はテレビを見てこのレースに憧れて参加している人が多いですよね。何を求めて参加しているのか、というところでは、昔出ていた選手と、今の選手では違ってきているのかなという気はします。昔は名もなきレースで、SNSでの発信もほとんどないような状態でやっていた。自己満足オンリー、ですよね（笑）。それが今は、勤務先が応援して送り出してくれる、知人がみんなでゴール地点で出迎えてくれる、そんな話をよく聞くようになりました。参加している選手の意識は昔とは変わってきているのかもしれないですね。

田中　湯川さんの話を聞いて思ったのは、僕はTJARには相反した二面性があるかなと……。一つは、今まで参加してきた人が、TJARじゃないチャレンジをするようになってきている。阪田（啓一郎）君（12、14年完走）にしても新藤（衛）さん（16年完走）さんにしても（※）、自分たちの発想で、自分たちが挑戦するイベントを作り出している。望月君も静岡市の市境をぐるっとまわる挑戦（「AROUND SHIZUOPKA ZERO」約235㎞）をやっていましたよね。そういうチャレンジが生まれているというのは、TJARの精神性かなと。すごく良いなと思います。

※阪田は16年に個人の挑戦として親不知からの日本アルプス縦断を踏破、また19年GWに地元の三重県トレイル縦断（300㎞）を踏破。新藤は関西のトレイルをつないで日本縦断する草レース「KLTR（Kansai Longitudinal Trail Race）～歴史の道 関西縦断トレイルレース～」（約400㎞）を企画し19年GWに開催。そのレポートは5回にわたりMtSNでも掲載された。

湯川　飴本（義一）さん（08、12、14年）と吉藤（剛）君（16、18年完走）も国内の標高の高い10山を一筆描きでつなぐチャレンジ（「ザ・トップ10」341㎞）をやっていましたしね。

田中　特に昨年からコロナ禍の影響で大会が減ったこともあって、個人でいろいろなことに挑戦する人が増えてきている。それはすごく良いなぁと。一方で、最近の大会ですごく気になることがあって。TJARは個人の限界に挑戦するイベントで、個々の挑戦の集合体だと僕は思っている。自分の限界に挑戦するからこそ、選手どうしがお互いに共鳴するものがあるんじゃないかなと思っているんですが、あまりに余裕を持ってやっている選手がいるなぁと。僕がNHKの撮影カメラマンをしていたときに、カメラを向けても「普段の山行と同じですよ」といかにも余裕そうに言うような選手もいて、「どうしてこの人はTJARに出ているんだろう？」と疑問に思ったんですよね。いつもの山行と同じであれば、TJARじゃなく自分で山を歩けばいいんじゃないのかなと。今まで何人か気になる人がいましたね。そういう、相反する二面性があるなとは感じています。

飯島　確かに、大会後の報告書は良い資料なんだけど、それがマニュアル化してしまっている。装備も含めて、完走するための答えが出ているような感じですよね。装備はこれを持っていけば大丈夫、という。ちょっとつまらない気はしますよね。まぁ、あれだけ詳細な報告書を作っておきながらそれ言うか？という感じでしょうけど（笑）。もちろん、参考にするなということではないので矛盾する話ではありますが。

田中　前回の望月君の完全無補給や、江口君の山小屋無補給のように、自分なりの課題を設定して挑むことは、すごく価値を感じますよね。そういう個人のチャレンジが、今回の山小屋利用をなくすことにもつながっています。今のＴＪＡＲは細かいルールが設定されているけれど、自分自身の挑戦なんだから、本来は何のルールもなく、一人ひとりが自分で課題を設定して、自分なりのポリシーを守ってやってほしいなと。それが選手たちに望むことですね。

――〝挑戦〟の意味合いが弱くなってきているとしたら、ルール変更はＴＪＡＲ本来の姿に戻す意味合いでも良いですよね。

湯川　06年のＴＪＡＲは参加選手6人、完走者は間瀬（現姓・鈴木）ちがやさんと高橋香さん（故人）だけだった。報告会で、高橋さんが自分でルートの部分だけ切り貼りした細長いアルプスの地図を見せてくれて「これが僕の軽量化の極意です」と。昔の選手は、情報がないなかでみんな試行錯誤して、いろいろな工夫をしていた。コマケンさん（駒井研二、04、08、10年完走）のプチプチベストとかね。おもしろさがすごくあったなぁと。今はウェアや装備も良いものが出てきて、定番のギアみたいなものも充実している。みんな同じようなものを持っていたりして、ちょっとおもしろ味が欠けてきたかなと……。そうしたなかで、ＴＪＡＲで個々の課題を設定する人が出てきたり、ＴＪＡＲとは別のチャレンジも増えてきた。ＴＪＡＲに飽き足らず、いろいろなチャレンジが生まれているのは良いことだなと。卒業生じゃないけど、どんどん自分のチャレンジを広げている。そういう意味では、〝入門編〟というには厳しすぎるかもしれないけど、ＴＪＡＲをめざして鍛えてきて、さらにそれを超えて自分なりのものを作っていってほしいなと思います。

田中　まったく同感ですね。

湯川　もともとは岩瀬さんが試行錯誤しながら作り上げてきたもの。それが完成形になってきたとしたら、それを超えていく人がどんどん出てきてもいいのかなと。

飯島　望月君だったり、小野君（雅弘・12年完走）君だったり、TJARを完走して、海外の山岳レースに挑戦して活躍している人が何人もいることも嬉しいですね。TJARを完走したことで自信を持って、次の実績を残してくれたら、このレースのことも広く認めてもらえるような気もするし……。

――皆さんはもともと選手として出たくて、TJARに関わるようになったわけですよね。現在はスタッフとして関わるなかでの思いや、やりがいを感じる部分は？

飯島　誰かがやらないと大会は成り立たないし、みんな、TJARに出ておもしろさを感じていたと思うんです。素晴らしいレースだからたくさんの人に知ってほしい、おもしろいからやってみてよと。少なくとも自分はそういう思いです。また選考会から挑戦して出たい気持ちもなくはないけど、30人という枠の一つを使ってしまうわけだから、何回も出ている自分はもう選手として出ることはないですね。たくさんの人にTJARを知ってほしい、体験してほしい。その思いでやっています。

田中　飯島さんが言われたように、素晴らしいレースだからより多くの人に知ってほしい、体験してほしいということもありますし、あとは、この実行委員会のチームワークがすごく良いんです。このレースを作った岩瀬さんのスピリット、〝岩瀬イズム〟が浸透していて、飯島さんのリーダーシップ、実行委員会のメンバーがお互いをリスペクトしていて、それぞれ自分の役割を果たしている。組織内の風通しが良いんです。僕はアドベンチャーレース、トレイルランなどほかの大会、組織にも関わっているけれど、ここまで気持ちの良いチームはなかなかない。居心地が良いし、楽しいし、メンバーたちの姿に学ばせてもらえるし……。僕としては、理想のプロジェクトチーム。貴重な場になっていますね。

湯川　ＴＪＡＲに出たいと思って、憧れていた当時の気持ちをよく思い出します。このレースは、そう簡単に出られないし、出るためにいろんなことをやらないといけない。トレーニングも必要だし、たくさん山にも行かないといけない……。そうして完走したときの思いは格別なものがある。いわゆる普通のサラリーマンもたくさん出ているし、60歳を過ぎても挑戦する人がいる。努力すればこんな挑戦ができるという〝場〟ですよね。自分もそれを体験してきたので、やってみたいと思う人がいる限り、お手伝いをしたいし、〝場〟をつくりたい。ＴＪＡＲに出た人が自分のチャレンジを広げていく。そういう姿を見るのは実行委員として嬉しいし、誇らしいですよ。あと6年くらいすれば私も仕事は定年退職になるので、そうしたら専従の事務局員になれるかもしれない（笑）。

【ＴＪＡＲ２０２０実行委員会】

飯島 浩（代表）、田中正人（副代表）、桑山史朗、越田英喜、竹内靖恵、畑中 渉、船橋 智、湯川朋彦、岩瀬幹生（顧問）

TJAR選手の妻が実行委員に

文＝竹内靖恵（TJAR実行委員会）

04年8月。まもなく始まる3日間ノンストップの『伊豆アドベンチャーレース』のため、夫の田中正人（プロアドベンチャーレースチーム「チームイーストウインド」リーダー。以下、隊長）と私は伊豆・松崎町に長期間滞在し、コース調査、資料作成、各関係機関との交渉、安全管理の策定など、睡眠時間を削って準備に勤しんでいた。

コースもいよいよ確定し、さあ試走！という矢先、突然隊長が言った。

「ちょっと1週間出かけてくる」

ん？　何を言っているの？　これから伊豆半島全域を試走するというのに……。理解が追いつく間もなく、隊長はふらりと出かけていった。

1週間後、隊長は真っ黒に日焼けし、一回り細くなり、帰還兵のような姿になって松崎町に戻ってきた。

「ごめん、ちょっとTJARってのをやってきた」

（なに言っちゃってんの？　間もなく最大級のアドベンチャーレースが始まるってのに！そんな大切な時に1週間も抜けて何やってたわけ!?）

1週間ぶりに見た隊長に対し、イライラと安堵がこみ上げる。その瞬間、私の口から出てきた言葉は辛辣だった。

「そんなのいいから、さっさと試走に行ってきて!!」

これがTJARとの出会いだ。

*

06年8月。その1カ月前にアメリカで開催された10日間ノンストップのアドベンチャーレースを終えて帰国した隊長は、まだ完全には回復していない体で魚津市のミラージュランドに向かった。実は隊長、このレースでケガをし、肋骨にヒビが入っていた。それでも出場するという。

そうまでしてやりたいTJARって何?　そんな大切なレースならこの目で見てみよう。そう思い、私も現地に向かった。真っ暗なミラージュランドに、選手らしき6人がひっそり、というか、こっそりとスタート時刻を待っていた。

「バレたら怒られるから、さっさと出発しよう」

真夜中にコソコソして怪しい。しかも観戦者は私だけ。なんとも慎ましい。

この年、隊長はレース中盤で調子を崩し、前に進むことができなくなった。象のようにむくむ脚。食べ物も受け付けない。騙し騙し歩き続けていたが、とうとう限界に達した。あの強い隊長が音を上げた。この時TJARの過酷さを知った。

08年8月。隊長はふたたびミラージュランドに向かった。私は自宅でパソコンに向かい、無料のブログサイトに「ＴＪＡＲ」を立ち上げ、選手自身やカメラマンから寄せられた情報をどんどん書き込んでいた。手が止まらない。寝食を忘れて書き込む。

楽しい！　とにかく楽しい！　選手らの逞しさ、踏ん張り、疲労、つらさ、涙、感動、すべてが伝わってくる。レースの重厚感と凛々しさと、そして選手の荘厳な精神力に身震いした。

「すごい！　これは人生を変えるレースだ!!」

この感覚がＴＪＡＲの巻かれ始めだったと思う。

＊

隊長は5日10時間32分で太平洋に到着した。

ゴール後、「着替えが欲しい」と言ってきたが、こちらはブログ更新でそれどころではない。静岡に住む知り合いに電話してお願いした。

「今から１００円ショップでパンツと靴下を買って大浜海岸に持って行ってくれません？」

TJAR実行委員として

12年3月。TJAR実行委員会が結成された。メンバーは飯島浩(代表)、田中正人(副代表)、岩瀬幹生、船橋智、湯川朋彦、武田耕治、そして私。といっても、ここに私の名前が入ったことは後の隊長の一言で知った。

「おめでとうございます! あなたは実行委員になりました!!」

彼のこういった切り口は慣れている。しかし、トレランや山登りはおろか、ハイキングだってしない私が実行委員なんてできるのだろうか?

「スタッフ全員が山に入ってしまったら、万が一の時に連絡が取れない。拠点となる本部が必要」。うーん、確かに一理ある。

こうして、私自身が本部となった。

*

14年8月。岩瀬が顧問となり、畑中渉、越田英喜を実行委員に加え、新体制でのTJARが開幕した。

この年、台風の影響で悪天候が続いた。大会中に晴れ間が見えたのは、なんと2日間だけ。時に自然は容赦なく牙を剥く。山での荒天は命に危険が及ぶ。いくらトレーニングを十分に積み重ねた屈強な選手とはいえ、自然の猛威には太刀打ちできない。選手らは己の安全確保をしながら慎重に進むしかない。TJARは「強ければいい」というレースではない。もちろん体力も必要だが、それ以上に精神力とサバイバル技術が必要なのだ。

レース前半、台風が日本海側を通過。風速40m超が選手を襲う。マーシャルとして大会に参加していた船橋から、幾人かの選手と共に薬師岳山荘にいると連絡があった。スゴ乗越で停滞していた飯島とも連絡が取れた。しかし、湯川を含め数名の居場所がわからない。実行委員としての責任が重くのしかかる。

「どうか無事でいて……」

一晩中みんなの無事を祈った。未明に湯川と連絡が取れ、選手全員の無事が確認された時、安堵でボロボロと涙を流しながら「もう実行委員は辞めよう」と思った。

*

実行委員会は神様ではない。自然をコントロールできるわけがない。選手は自然の中にポンと放り込まれたら、あとは自分の力で切り抜けるしかない。試されるのは己の力。これがTJARだ。

一度は辞めようと思ったTJAR実行委員だったが、強く繋ぎ留めるものがあった。TJARに懸ける実行委員長の飯島の想いだった。たった8日間のレースだが、このための準備には莫大な時間と労力を要する。それは途方もない作業量であり、精神をすり減らす。我々実行委員は幾度も幾度も議論を重ね、ベストな方法は何であるか、どう取り組むべきかを模索しながら8月を迎える。

現在、武田耕治に代わって桑山史朗が加わり、8人の実行委員で大会を整える。それぞれが自分の持ち場を強い責任感でもって遂行する。まさに飯島実行委員長の熱い想いと志が我々7人を突き動かすのだ。ベクトルはひとつ！

＊

21年、今年もまた熱い夏がやってくる。本来なら20年に開催するべきところだが、新型コロナウイルスの影響で1年見送ることとした。TJARに出場を熱望している人たちはかなり振り回されただろう。申込条件をクリアするのも例年以上に困難だったと思う。しかし、それを越えてのTJAR2020だ。

だからこそ「TJARはスタートラインに立つ者すべてが勝者である」と私は思う。

21年8月。選手の皆様、この舞台に立つ事に誇りを持ち、どうぞ全力で己の力を発揮してください。楽しみにしています。

筆者

松田珠子 まつだ・たまこ

静岡県出身。大学卒業後、スポーツ関連財団、㈱スポーツコミュニケーションズ勤務を経てフリーランスに。現在は石川県在住。著書『山岳王 望月将悟』(山と溪谷社)。

トランスジャパンアルプスレース大全

2021年7月5日 初版第1刷発行

編者	山と溪谷社
発行人	川崎深雪
発行所	株式会社 山と溪谷社 〒101-0051 東京都千代田区神田神保町1丁目105番地 https://www.yamakei.co.jp/
印刷・製本	大日本印刷株式会社
デザイン	相馬敬徳(Rafters)
DTP・地図製作	株式会社千秋社

乱丁・落丁のお問合せ先
山と溪谷社自動応答サービス
TEL.03-6837-5018
受付時間/10:00~12:00、13:00~17:30(土日、祝日を除く)

内容に関するお問合せ先
山と溪谷社 TEL.03-6744-1900(代表)

書店・取次様からのお問合せ先
山と溪谷社受注センター
TEL.03-6744-1919 FAX.03-6744-1927

Printed in Japan ISBN978-4-635-17208-0